마구로센세의

일본어
편의점
마스터

나인완 지음·김수경 감수

마구로센세 マグロせんせい의

일본어
편의점
마스터

bs

브레인스토어

일본 여행에서 편의점 쇼핑을 빼놓을 수는 없습니다. 간단한 아침식사, 여행 중의 간식, 밤에 숙소에서의 안주, 그리고 굳이 용건이 없어도 한 번쯤은 꼭 가보고 싶은 일본의 편의점. 하지만 우리나라보다 훨씬 복잡한 모습에 조금은 당황하게 되기도

마구로센세
マグロせんせい

어딘가 게으르고 소심해 보이지만 '먹는' 일에 있어서 만큼은 열정으로 눈이 반짝거리는 미식가. 맛있는 것만 먹으면 콧노래를 흥얼거리며 행복해하는 단순한 성격이지만, 누구보다 진지하게 음식을 탐구하고 유쾌하게 즐긴다. 언젠가 전 세계의 음식을 모두 맛보는 것이 꿈이다.

사케쨩
サケちゃん

마구로센세와는 오랫동안 친구로 지냈지만 함께 일본 여행을 떠나게 되면서 조금은 더 가까워질 수도? 아닌 것처럼 보이지만 식탐만큼은 마구로센세에 뒤지지 않는 숨은 먹방 고수. 맛있는 음식뿐 아니라 여행지에서 새롭게 경험하는 모든 것들에 호기심이 많고 적극적이다.

하는데요. 이 책은 일본 여행을 가기 전에 편의점을 미리 재미있고 쉽게 살펴보도록 도와주는 책입니다. 미리 알아두고 여유롭게 편의점 쇼핑하세요~

여기는 오사카.

두근..

두근..

인물 소개

-사케짱-
(サケちゃん)

마구로 센세가 짝사랑하고 있는 오랜 친구.

마구로 센세, 너랑 오사카 구경하니까 엄청 좋다! 재밌어, 재밌어!

프롤로그

프롤로그

일본 편의점 간단 소개

세븐 일레븐

로손

FamilyMart
패밀리아트

일본 편의점은 크게 이렇게 3개가 있어.

일본 내 편의점 점포 밀집도

 세븐일레븐 - 일본에서 가장 많은 점포를
가지고 있다.

 로손 - 일본에서 두 번째로 많은 점포 수를
가지고 있고, 자체 디저트 브랜드가
유명하다.

 패밀리 - 2016년 편의점 브랜드 "산쿠스"를
아트 합병, 이름은 따로 운영되고 있다.

 **PB상품**
Private Brand

편의점마다 PB 상품이라는 것이 있는데, 이건 그 편의점에서만 판매되는 상품을 이야기해.

대표적인 PB브랜드를 알아보자면..

세븐 일레븐

 세븐 프리미엄 - ① 안전 ② 맛 ③ 지역먹거리 ④ 최고 기술 ⑤ 디자인 ⑥ 건강 ⑦ 가격을 추구하는 브랜드

 세븐프리미엄 골드 _ 전문점과 다를 바 없는 맛과 품질을 구현하는 고급 PB 브랜드

 세븐카페 - 즉석에서 원두를 갈아 저렴하게 판매하는 커피 브랜드. 디저트도 함께 판매한다.

로손

 로손 셀렉트 - 로손 자체 제작 브랜드

 Uchicafe Sweets - 로손 디저트 브랜드

 MACHI cafe' - 로손 커피브랜드

 내추럴 로손 - 건강식품을 더 많이 갖춘 브랜드

로손 스토어 100 - 신선 식품과 일용품을 저가격으로 제공하는 브랜드

프롤로그

패밀리 마트

 패밀리아트 콜렉션 - 패밀리마트 프리미엄 브랜드

FAMIMA CAFÉ - 패밀리아트 디저트 브랜드

FAMIMA 프리이엄 시리즈 - 패밀리 마트 최고 프리미엄 브랜드

일본은 이런 PB 브랜드 개발에
엄청 공을 들이고 있어.
"로손의 UchiCafe 롤케이크",
"세븐 일레븐의 세븐커피, 골드 시리즈"
처럼 잘 만들면 매출이 어마어마하게
올라갔거든.

TIP

사실 이런 PB 제품을 위주로 구매해 보는 것이
일본 편의점 쇼핑에 쉽게 다가갈 수 있는 방법이야.

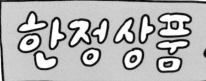

한정 상품의 천국,
일본 편의점!

기간 한정

특별한 기간, 계절을 두고 그 동안에만 판매하는 상품이야.

ex)

호로요이 메론사와
여름 한정

토하토 카라멜콘
크리스마스 한정

사쿠라 초코
벚꽃기간 한정

지역 한정

주로 각 지방의 명물을 이용한 한정 상품이야.

ex)

카루비 포테토 칩스
오키나와 시콰사 맛

우마이봉
후쿠오카 명란맛

카루비 갓파에비센
칸사이 도로소스맛

다른 브랜드들과 '콜라보레이션'이나 그 시즌
분위기에 맞춰서 패키지만 바꾼다든지
재미있는 기획 상품들이 많아.

그 밖에 일본 편의점에서는..

CD/DVD판매

티켓예매

복사기

잡지,도서

화장실

등등..여러가지 상품 외에 다양한 서비스도 이용할 수 있단다.

무료 Wi-fi

차 례

Tohato

あけくち
▶

チョコ

チョコバ

しんちゃ
シ

シールの模様は本当らくないますが
ていしますのでご了承くだ
全25種類のうちち種類が入っています
全25種類のうちち種類はキラキラVer.です

BANDAI 2014 MADE IN JAPAN

チョコビノバー
CHOCOBINO BAR

材料(10本分)

★チョコビ
……2箱(50g)
★マシュマロ
……50g
★バター
……30g
★お好みのナッツ
……15g

つくり方

①牛乳パックなどで右図のような型を作る。②厚手のビニール袋にチョコビを入れ、ツブツブが残る程度まですりこぎでつぶしたら、袋に刻んだナッツも入れよく振りまぜる。③ボウルにマシュマロとバターを入れ、ラップをかけて電子レンジで2分半加熱。④3を手早く混ぜ合わせる。⑤4に2のナッツ入りチョコビを入れ手早く混ぜる。⑥1で作った型に5を入れ、熱を冷まして固まるのを待つ。型から取り出し、10等分に切れば完成。

MILK
15cm 7cm

親子でいっしょに楽しく作ろう!

クレヨンしんちゃんの
クッキングBOOK
おやつ大作戦!!

1,000円(本体)
株式会社 双葉社
http://www.futabasha.co.jp/

詳しいレシピや他のレシピは、
クッキングBOOKを見てね!

発売中!

クレヨンしんちゃん

과자 おかし

알록 달록.. 너무 많다..
정신 차려, 정신 차려

어디 한 번
볼 까..?

一。과자(おかし)

과자의 종류는 크게
강자과자, 강자 외 스낵류,
초코렛, 쿠키&파이, 젤리 & 사탕
등으로 나눌 수 있을 것 같아.

강자 과자

그 외 스낵류

초코렛 과자

쿠키 & 파이

젤리 & 사탕

감자 과자를 따로 분류한 이유는 과자 코너에서 감자 과자가 거의 30~40%를 차지하기 때문이야.

나야 나

그 중 편의점에서 자주 볼 수 있는 일본 감자 과자브랜드는..

Calbee
카루비

コイケヤ
코이케야

이 두 브랜드인데..

사실 상 감자 과자의 70%가

Calbee
오예!

카루비 제품이야.
그 만큼 스낵류에서 카루비가 차지하는 비중이 크단다.

그럼 무슨 제품들이 있는지 볼까?

一。과자(おかし)

1 카루비 포테토칩스

Calbee

ポテトチップス

포 테 토 칫 푸 스

카루비의 대표적인 감자칩.
역사가 오래 된 만큼 다양한 기간,
지역 한정 제품이 있다.

종류 약한 소금, 콘소메펀치, 김소금, 간장마요 등.

2 카루비 쟈가리코

Calbee

じゃがりこ

쟈 가 리 코

감자를 반죽해서 과자로 만든 제품.
'쟈가비'에 비해서 식감이 단단하다.

종류 사라다, 치즈, 간장버터, 명란버터 등.

3 카루비 쟈가비

Calbee

じゃがビー

쟈 가 비

감자를 통째로 잘라서 과자로 만든 제품.
'쟈가리코'에 비해서 더 아삭 아삭하다.

종류 약한 소금, 간장 버터, 간장 마요 등.

4 카루비 크리스프

クリスプ
크 리 스 프

바삭한 식감을 강조한 감자칩

종류 우스시오, 콩소메, 사워크림&양파

5 카루비 카타아게 포테토

かたあげ ポテト
카 타 아 게
포 테 토

단단한 식감에 씹을수록 맛이 강해지는 감자칩.

종류 연한 소금, 김 등.

6 코이케야 포테토 칩스

コイケヤ

ポテトチップス
포 테 토 칫 푸스

독특한 종류가 많은 포테토칩.

종류 약한 소금, 김소금, 사과, 우유 등.

7	카루비 피자 감자	*Calbee*

ピザポテト

피 쟈 포 테 토

두꺼운 식감의 치즈맛 가득한 감자칩

종류 피자 감자, 제노베제, 매운 소시지

8	카루비 두꺼운 포테토칩스	*Calbee*

ポテトチップス
ザ厚切り

포 테 토 칩 프 스 쟈 아 츠 키 리

두껍지만 식감을 살려 부담없는 감자칩

종류 우스시오, 김, 콩소메

9	카루비 포테토 디럭스	*Calbee*

ポテトデラックス

포 테 토 데 락 쿠 스

일반 감자칩보다 3배가 두꺼워
씹는 맛이 가득한 감자칩

종류 마일드 소금, 블랙 페퍼, 마요네즈

10 메이지 카루

カール

카　　루

50년간 판매되어온 콘 스낵.

종류 치즈, 약한 소금 등.

11 카루비 미노

ミーノ

미　　노

콩을 튀긴 후 심플하게 소금간을 한
콩 본래의 맛을 즐길 수 있는 과자

12 모리나가 옷톳토

おっとっと

옷　톳　토

물고기 모양의 귀여운 감자과자.
우리 나라의 '고래밥'과 비슷.

一。과자(おかし)

13 카루비 갓파 에비센

Calbee

かっぱえびせん
캇 파 에 비 센

'새우깡'의 원조 격 과자.
50년 넘도록 일본 국민의 사랑을
받아 온 과자.

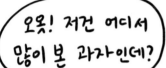

오옷! 저건 어디서
많이 본 과자인데?

맞아. 찾아 보면
한국라 비슷한
과자들이 많아.

14 오야츠 컴퍼니 베이비 스타 라멘

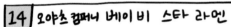

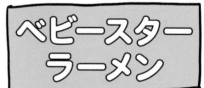

ベビースター
ラーメン
베 비 스 타
라 멘

50년 넘게 판매 된 스테디 셀러.
종류 치킨, 스파이스 치킨 등.

15 토하토 카라멜콘

Tohato

キャラメルコーン

카 라 에 루 콘

바삭하고 부드러운 카라멜콘.
우리 나라의 `카라멜 땅콩'과 비슷.
다양한 기간 한정 맛 출시.

16 코이케야 카라무쵸

コイケヤ

カラムーチョ

카 라 무 쵸

양념이 진한 중독성 있는 매운맛
감자 스틱 과자.

17 카메다 하피탄

亀田製菓

ハッピーターン

핫 피 탄

바삭한 센베이를 고소하고 달콤하게
만든 제품

一。과자(おかし)

18 구리코 포키

ポッキー

폿   키

1966년부터 판매하고 있는
막대기 초코 과자의 원조.

[종류] 초코, 녹차, 딸기, 블루베리 등.

19 롯데 토포

LOTTE

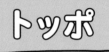

트   포

막대기 과자 안에 초코가
들어 있는 스틱 과자.

[종류] 초코, 밀크, 딸기, 녹차등.

20 구리코 프릿츠

プリッツ

푸   릿   츠

서양 간식인 프레첼을 스틱형으로
만든 과자.

[종류] 사라다, 토마토, 로스트 등.

一。과자(おかし)

21 메이지 죽순마을

meiji

たけのこの里

타 케 노 코 노 사토

죽순 모양의 초코 과자.
과자 부분은 버터 맛이 나는
부드러운 식감.

22 메이지 버섯산

meiji

きのこの山

키 노 코 노 야마

진한 초코렛 버섯모양의 과자.
우리나라의 '초코송이'와
비슷한 제품.

23 롯데 코알라의 행진

LOTTE

コアラのマーチ

코 아 라 노 마 치

코알라 그림이 새겨 있는 초코 과자.
과자 부분이 두껍지 않고 안에 초코렛이
많이 들어 있다.

24 롯데 파이열매

LOTTE

パイの実

파 이 노 미

겹겹이 쌓인 페이스트리 버터
과자 안에 초코렛이 들어
있는 제품.

25 후지야 컨트리 맘

FUJIYA

カントリーマアム

칸 토 리   마 아 무

전자렌지에 데워 먹으면
더 맛있는 초코 쿠키.

一。과자(おかし)

26 모리나가 베이크

베 이 쿠

구운 빵 느낌이 나는 부드러운 과자.

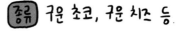 종류 구운 초코, 구운 치즈 등.

27 카메다 감씨 과자

카 키 노 타 네

쌀 과자를 일본식 간장 양념을 하여
감씨 모양으로 만든 과자.

28 훈와리 메이겐 콩가루떡

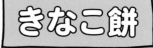

키 나 코 모치

바삭한 과자에 콩가루 양념을
듬뿍 묻힌 과자.

 종류 콩가루, 치즈 등.

야오킨 우마이봉

うまい棒

우 마 이 보

옥수수로 만든 과자에 여러가지 진한
양념을 묻힌 과자. 종류가 상당히 많다.

 명란, 치즈, 피자, 타코야키, 치킨카레 등.

30 부르봉 푸치

ブルボン

プチ

푸 치

무려 24종이라는 많은 종류의 맛을 가지고
있는 미니 쿠키 시리즈.

 초코, 새우, 약한 소금, 콩고물, 버터쿠키 등

일단 이 정도랄까?

와 멋있다.
고마워..

엇?

一。과자(おかし)

31 미각당 코로로 젤리

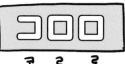

コロロ

코 로 로

깨물면 안에서 부드러운 젤리가 나오는
과즙 100%의 신감각 젤리.

종류 포도, 청포도, 복숭아, 딸기 등.

32 에이지 과즙 구이

果汁グミ

카 쥬 구 미

과일 향이 진하게 나는
과즙 100% 젤리.

종류 딸기, 포도, 오렌지 등.

33 모리나가 하이츄

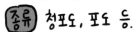

ハイチュウ

하 이 츄

쫀득쫀득한 마시멜로우 식감의 젤리.

종류 청포도, 포도 등.

一。과자(おかし)

34 미각당 푸쇼

ぷっちょ

푹　쵸

많은 종류의 맛이 있는 젤리 캔디.
종류 소다, 콜라, 메론, 포도, 복숭아 등.

35 칸로 퓨레구미

ピュレグミ

퓨　레　구　미

새콤 달콤한 파우더가 더해진 후르츠 젤리.
종류 레몬, 포도, 청포도, 망고, 딸기 등.

36 용각산 캔디

龍角散

류 카쿠 산

가래나 기침을 줄이는 용각산을
사탕으로 만든 제품.

37 아사히 민티아

ミンティア

민　티　아

20여 가지의 맛들이
있는 입냄새 제거용 민트 캔디.

38 모리나가 밀크 카라멜

MORINAGA

ミルクキャラメル

이 루 쿠 　 캬 　 라 메 루

1913년부터 생산된 제품.
단것 같으면서도 계속 먹게 되는 중독성
있는 맛.
종류 밀크, 단팥 등.

39 에이지 아몬드

アーモンド

아　　몬　　도

진한 초코볼 안에 고소한
아몬드가 들어 있는 제품.

40 에이지 마카다미아

meiji

マカダミア

아 카 다 미 아

진한 초코렛 안에 마카다미아
넛츠가 들어 있는 제품.

41 네슬레 킷캣

Nestle

キットカット

킷 토 캇 토

일본은 킷캣 소비국 2위. 그 만큼
킷캣을 좋아 한다. 수없이 많은
기간, 지역 한정 맛이 있다.

헤헤, 유명한 것은 이 정도?
사실 젤리.초코렛류는 포장지만 봐도 알수 있어.

끄덕 끄덕

一。과자(おかし)

2016년, 아사히TV에서 일본 과자 업계를 대표하는 13개 회사 제품 중 1만 명의 국민 후보들이 뽑은 '일본인들에게 가장 사랑 받은 과자'를 선정했어. 10위부터 알아 볼까?

10위	모리나가 하이츄

9위	메이지 과즙구미(포도)

8위	메이지 죽순 마을

7위	코이케야 포테토칩스 (김소금)

6위 카루비
카타아게 포테토 (연한 소금)

5위 카루비 갓파 에비센

4위 카루비
포테토칩스 (콘소메 펀쇠)

3위 네슬레 킷 캣

2위 카루비
포테토 칩스 (연한 소금)

그리고
대망의
1위는?

두구 두구 두구

一。과자(おかし)

사실 거의 대부분의 과자들은 인터넷 쇼핑으로도 구매할 수 있어. 일본이 아니어도 먹을 수 있지.

우와~ 세상 참 좋아졌다!!

응. 근데.. 너 그거 다 살거니..?

응응! 당연하지!

들어 줄까?

아니, 이 정도쯤이야. 괜찮아!

끙 끙

나보다 힘도 쎈것 같아.. 멋있다.

박력 넘친다..

一。과자(おかし)

죽순마을
たけのこの里

달콤하고 부드러운 버터 쿠키 위에 초콜렛이 정말 듬뿍 덮여 있어. 특별하지 않은 것처럼 느껴져도 먹다 보면 어느새 전부 사라져 있지. 달달한 과자를 좋아하는 사람에게 딱이야!

일본어 이름	타케노코노사토
제조사	메이지
판매	
표준 정가	263円(2024년 10월 편의점 기준)
기본 용량	70g
열량	391kcal

 おいしい〜

과자 おかし

-단어-

1. 포테토칩스 ポテトチップス (포 테 토 칫 푸 스)

2. 쟈가리코 じゃがりこ (쟈 가 리 코)

3. 쟈가비 じゃがビー (쟈 가 비)

4. 크리스피 クリスプ (크 리 스 프)

5. 카타아게 포테토 かたあげポテト (카 타 아 게 포 테 토)

6. 포테토칩스 ポテトチップス (포 테 토 칫 푸 스)

7. 피자 감자 ピザポテト (피 쟈 포 테 토)

8. 포테토칩스 더 두꺼운 ポテトチップスザ厚切り (포 테 토 칩 프 스 쟈 아 츠 키 리)

9. 감자 디럭스 ポテトデラックス (포 테 토 데 락 쿠 스)

10. 카루 カール (카 루)

11. 미노 ミーノ

12. 옷톳토 おっとっと

13. 갓파 에비센 かっぱえびせん

14. 베이비스타 라멘 ベビースターラーメン

15. 카라멜콘 キャラメルコーン

16. 카라무쵸 カラムーチョ

17. 하피탄 ハッピーターン

18. 포키 ポッキー

19. 토포 トッポ

20. 프릿츠 プリッツ

단어

21. 죽순마을 たけのこの里
타 케 노 코 노 사 토

22. 버섯산 きのこの山
키 노 코 노 야 마

23. 코알라의 행진 コアラのマーチ
코 아 라 노 마 치

24. 파이 열매 パイの実
파 이 노 미

25. 컨트리맘 カントリーマアム
칸 토 리 마 아 무

26. 베이크 ベイク
베 이 쿠

27. 감씨과자 柿の種
카 키 노 타 네

28. 콩가루떡 きなこ餅
키 나 코 모 치

29. 우마이봉 うまい棒
우 마 이 보

30. 푸치 プチ
푸 치

31. 코로로 젤리 コロロ
코 로 로

32. 과즙구미 果汁グミ _{カ ジュ グ ミ}

33. 하이츄 ハイチュウ _{ハ イ チュ}

34. 푸쵸 ぷっちょ _{プッ チョ}

35. 퓨레구미 ピュレグミ _{ピュ レ グ ミ}

36. 용각산 캔디 龍角散 _{リュ カ ク サン}

37. 민티아 ミンティア _{ミン ティ ア}

38. 밀크카라멜 ミルクキャラメル _{ミ ル ク キャ ラ メ ル}

39. 아몬드 アーモンド _{ア モン ド}

40. 마카다미아 マカダミア _{マ カ ダ ミ ア}

41. 킷캣 キットカット _{キッ ト カッ ト}

단
어

二

도시락 おべんとう
삼각김밥 おにぎり

焼鮭

ふり塩海苔

35円
（税込）

包装当り 熱量 182kcal
んぱく質5.1g／脂質1.0g
K化物38.1g／Na280mg

ふり塩海苔

헤헤헤.

그래서 어쩌고 저쩌고 이러쿵 저러쿵..

헤헤.. 그렇구나 그렇.. 앗!

꼬르르르르륵

아앗.. 긴장을 살짝했더니 배에서 창피한 소리가..

어머? 배 많이 고팠구나! 그런 줄도 모르고 계속 걷기만 했네.

아.. 아니 이건..

이건..

이건.. 말이지..

二。삼각김밥・도시락(おにぎり・おべんとう)

와.. 엄청 맛있겠다 꿀꺽..

귀여워..

뭐 먹지..

일본 편의점의
삼각 김밥, 도시락, 샌드위치 등은
항상 인기가 많아. 저녁에 가면
다 팔려서 많이 없을 수 있으니
아침이나 입고 시간에 가는 걸 추천해!

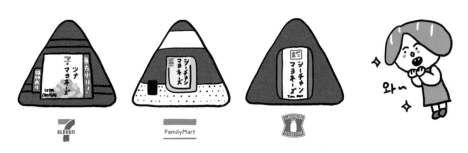

그리고 편의점 별로 고급화된 PB 브랜드 제품이 있으니
그것 위주로 먹어 보는 것도 나쁘지 않아.

二。삼각김밥·도시락(おにぎり・おべんとう)

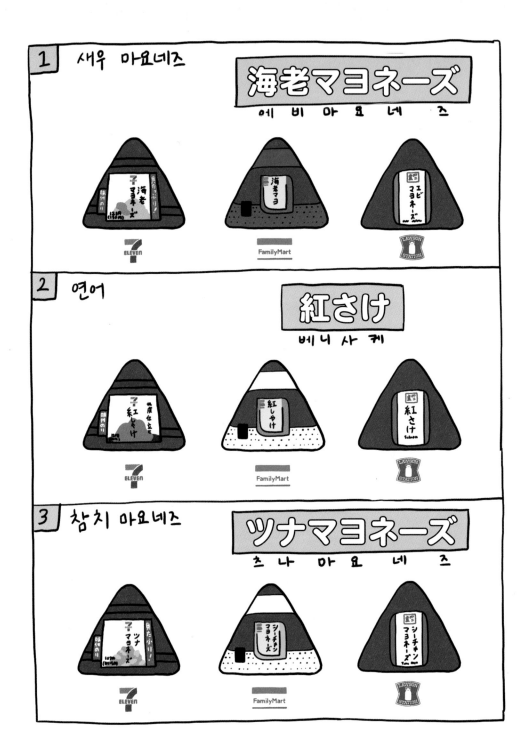

1 새우 마요네즈

海老マヨネーズ
에 비 마 요 네 즈

7 ELEVEN

FamilyMart

LAWSON STATION

2 연어

紅さけ
베 니 사 케

7 ELEVEN

FamilyMart

LAWSON STATION

3 참치 마요네즈

ツナマヨネーズ
츠 나 마 요 네 즈

7 ELEVEN

FamilyMart

LAWSON STATION

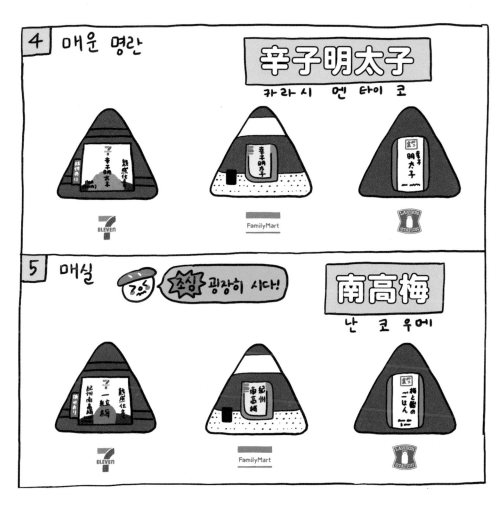

4 매운 명란

辛子明太子

카라시 엔 타이 코

(7 ELEVEN)
(FamilyMart)
(LAWSON STATION)

5 매실

초심 광장히 시다!

南高梅

난 코 우메

(7 ELEVEN)
(FamilyMart)
(LAWSON STATION)

이 정도가 보통 많이 먹는 삼각김밥들이야. 3개 편의점 어디서나 쉽게 찾아 볼 수 있고 '매실'을 제외하면 누구나 부담 없이 먹을 수 있어.

꿈적

매실

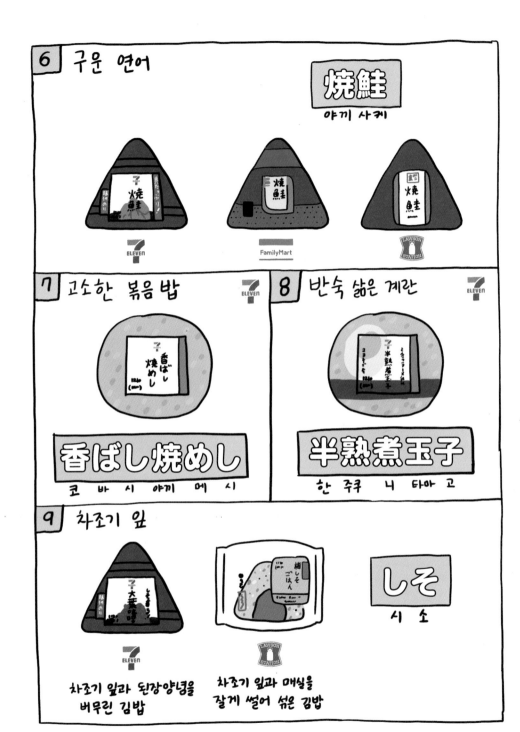

6 구운 연어

焼鮭
야끼 사케

7 ELEVEN · FamilyMart · LAWSON STATION

7 고소한 볶음밥 7 ELEVEN

香ばし焼めし
코 바 시 야끼 에 시

8 반숙 삶은 계란 7 ELEVEN

半熟煮玉子
한 주쿠 니 타마고

9 차조기 잎

しそ
시 소

7 ELEVEN
차조기 잎과 된장양념을
버무린 김밥

LAWSON STATION
차조기 잎과 매실을
잘게 썰어 섞은 김밥

10 계란 오무스비(주먹밥)

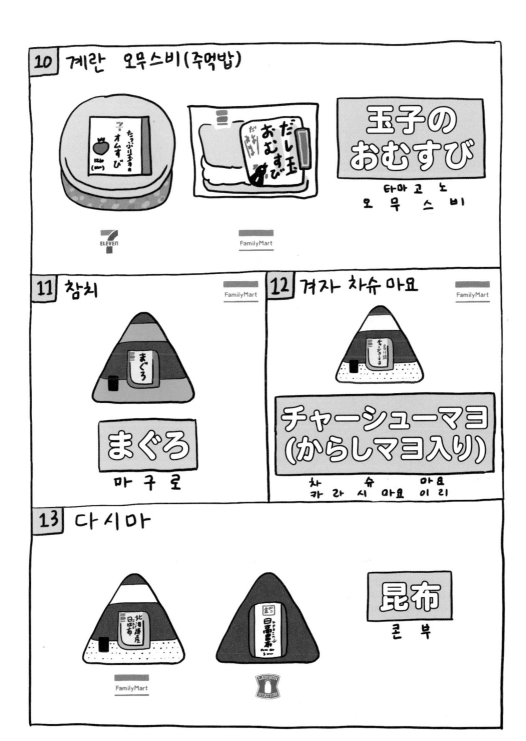

たっぷり玉子の
オムすび

だし玉
おむすび

玉子の
おむすび

타마고노
오무스비

11 참치

まぐろ

마구로

12 겨자 차슈 마요

チャーシューマヨ
(からしマヨ入り)

차　　슈　　마요
카라시 마요 이리

13 다시마

昆布

콘부

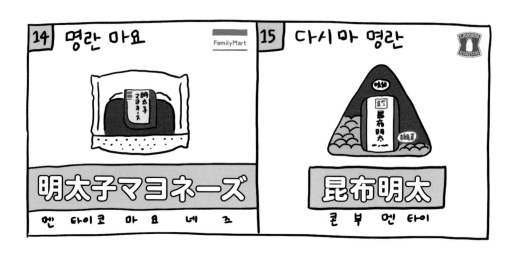

14 명란 마요 FamilyMart

明太子マヨネーズ

엔 타이 코 마 요 네 즈

15 다시마 명란

昆布明太

콘 부 언 타이

일본은 정말 명란을 좋아하는 구나! 다양한 명란 김밥이 있네.

밥이랑 잘 어울리니까! 나도 많이 좋아해.

16 돼지 김치

豚キムチ

부타 키 무 치

17 참깨 연어

胡麻さけ

고 마 사 케

도시락도 하나 먹어 볼까나?

오호! 좋아!

어떤 도시락을 골라야 센스있게 고르는 걸까?

우아! 여기서 부터 저기까지 다 도시락 코너야.

응응, 엄청 많지? 일본 편의점 도시락은 밥과 반찬으로 구성된 것 말고도, 하나의 단품 요리 종류가 많아.

아하

닭고기 도시락 　鶏肉

21 영계 튀김

若鶏の唐揚

와카토리 노 카라아게

23 치킨 난반 (새콤한 소스 튀김)

チキン南蛮

치 킨 난 반

25 타르타르 소스 치킨난반

タルタルソースのチキン南蛮

타루 타루 소스 노 치킨 난반

22 영계 육즙튀김

若鶏のジューシー唐揚

와카 토리 노 쥬 시 카라 아게

24 반숙 계란 닭튀김

半熟玉子の唐揚

한 주쿠 타마고 노 카라 아게

26 치킨 카스

チキンカツ

치 킨 카츠

돈까스 도시락 とんかつ

27 등심 돈까스

ロースとんかつ
로 스 톤 카 츠

28 숙성 등심 돈까스

熟成
ロースとんかつ
죽 세
로 스 톤 카 츠

덮밥 丼

29 맛있게 매운 사천식
마파두부 덮밥

旨辛四川風麻婆丼
우마 카라 시센 후 마 보 동

30 마파 두부 덮밥

麻婆豆腐丼
아 보 도 후 동

31 사천식 마파두부 덮밥

四川風麻婆丼
시 센 후 마 보 동

32 특제 소고기 덮밥

特製牛丼

톡 세 규 동

33 소고기 덮밥

牛丼

규 동

34 닭고기 계란 덮밥

親子丼

오야 코 동

35 부드러운 닭고기 계란 덮밥

ふんわり玉子の
親子丼

훈 와 리 타마고 노
오야 코 동

36 부드러운 등심 돈까스 덮밥

やわらか
ロースかつ丼

야 와 라 카
로 스 카 츠 동

37 돈까스 덮밥

かつ丼

카 츠 동

二。삼각김밥 · 도시락(おにぎり · おべんとう)

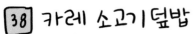

38 카레 소고기덮밥

カレー牛丼

카 레　　규 동

39 연어구이 양념덮밥

炙り焼紅鮭の
つけ丼

아부 리 야끼 베니 사께 노
츠 케 동

마구로 센세의 일본 편의점 도시락에 대한
지극히 개인적인 의견

편의점 도시락 중에서도 단품 메뉴를
추천해 (ex)덮밥, 면류 등등).
기본 밥, 반찬 도시락류는 어느 정도
예상하는 맛이야. 여행가서
새로운 경험과 맛을 느끼고
싶다면 단품 메뉴!

근거는 없고, 내 입맛..

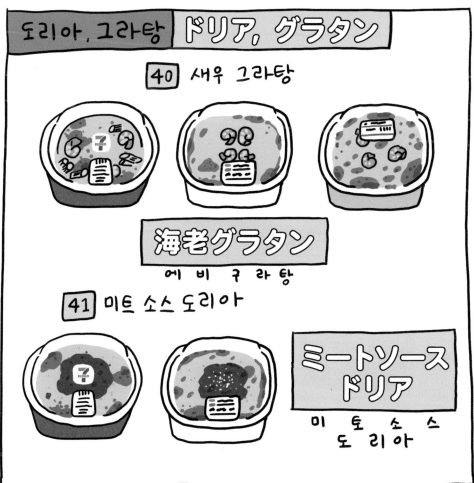

42 햄버그 카레 도리아

ハンバーグカレードリア

한 바 구 카 레 도 리 아

43 명란 오찌 치즈 도리아

明太もちチーズのドリア

엔 타 이 모 찌 치 즈 노 도 리 아

44 베이컨 그라탕

ベーコングラタン

베 콘 구 라 탕

45 토마토 소스 라자냐

トマトクリームソース
のラザニア

토 아 토 쿠 리 무 소 스 노 라 자 니 아

46 토마토 도리아

トマトのドリア

토 마 토 노 도 리 아

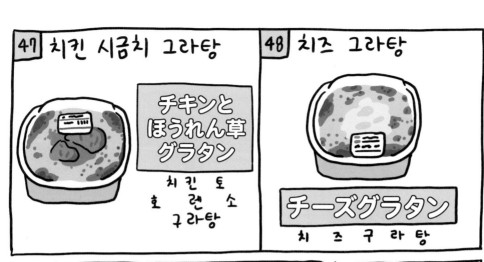

47 치킨 시금치 그라탕

チキンと
ほうれん草
グラタン

치킨토
호 런 소
구라탕

48 치즈 그라탕

チーズグラタン

치 즈 구 라 탕

우아! 이탈리안 레스토랑에서
나올 것 같은 음식이 도시락이라니!

그럼 난 새우
그라탕..

역시 새우 그라.. 앗!

앗

앗

앗, 미안! 나도 새우 그라탕을 좋아해서..

응응, 괜찮아. 우와~ 여기 카레 종류도 많다!

아.. 하하!! 맞아. 카레!

49 버터 치킨 카레

バターチキンカレー

바 타 치 킨 카 레

50 소고기 카레

ビーフカレー

비 후 카 레

51 토마토 하야시라이스

トマトのハヤシライス

토 마 토 노 하 야 시 라 이 스

52 데미그라스 소스 오므라이스

デミオムライス

데 미 오 무 라 이 스

53 골라 먹는 카레

골라 먹는 카레는 무슨 말이야?

아, 그건..

こだわりカレー

코 다 와 리 카 레

코로케로!

① 골라 먹는 카레를 골라서

② 카운터에 가서 계산 후 포장지에 써 있는 치킨 or 고로케 중에 고르면

③ 바로 따듯한 치킨 or 고로케를 넣어 주는 카레야.

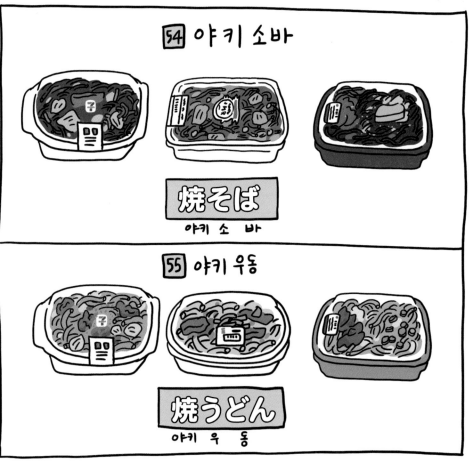

56 판메밀

ざる蕎麦
자 루 소 바

57 나폴리탄

ナポリタン
나 폴 리 탄

58 까르보나라

カルボナーラ
카 루 보 나 라

二。삼각김밥·도시락(おにぎり·おべんとう)

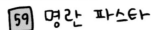

59 명란 파스타

明太子パスタ
엔 타이 코 파 스 타

60 미트 소스 파스타

ミートソースパスタ
이 토 소 스 파 스 타

61 오코노미야키 & 야키소바

お好み焼 &
ソース焼そば
오 코 노 미 야끼
소 스 야끼소 바

62 매실 돼지 샤브 샤브 파스타

梅と豚しゃぶの
パスタ
우메 토 부타 샤 부 노
파 스 타

63 짜장면

ジャージャー麺
쟈　　쟈　　멘

64 오일 파스타

オイルパスタ
오 이 루 파 스 타

65 토마토 아라비아타

トマトのアラビアータ
토 마 토 노 아 라 비 아　　타

66 톤페야키 &야키 소바

豚平焼と
ソース焼そば
톤　　페 야끼 토
소 스　야끼 소 바

67 돼지갈비 소금 야키 소바

豚カルビの
塩焼そば
부타 카 루 비 노
시오　야끼 소　바

68 카레 야키 소바

カレー焼そば
카 레　　야끼 소 바

69 해물 페페론치노

海鮮ペペロンチーノ
카 이 센 페 페 로 치 노

난 명란
파스타!

맛있겠다. 이 정도면
배부르게 먹을 수 있을 것
같아.

응응!

끙차   끙차

도와
줄까?

아냐 괜찮아.
이정도는 나도 들 수 있어.

자연 스럽게 도와 달라고
할 뻔 했다.. 뭐지?

70 고등어 소금구이 さばの塩焼き 사 바 노 시오 야 키	**71** 부드러운 돼지고기 계란 ふわとろ豚玉 후 와 토 로 부타다아
72 햄버그 ハンバーグ 한 바 구	**73** 김 海苔 노 리
74 초밥 정식 にぎり寿司 니 기 리 즈 시	**75** 오던야키 モダン焼 오 단 야끼

二。삼각김밥·도시락(おにぎり・おべんとう)

76 타코야키

たこ焼き

타 코 야 끼

77 참치회와 파를 다져 넣은 김밥

ねぎとろ巻

네 기 토 로 마 키

78 사라다 김밥

サラダ巻

사 라 다 마 키

79 철판구이 햄버그

鉄板焼きハンバーグ

텟 판 야끼 한 바 구

80 고기 야채 볶음

肉野菜炒め

니쿠 야사이 이타 메

81 매운 돼지 김치

旨辛豚キムチ

우아 카라 부타 키 무 치

1 데워드릴까요?

温めますか?

(아타타메 마스 까)

2 네, 부탁드립니다

はい。お願いします。

(하이. 오 네가이 시마스)

二。삼각김밥·도시락(おにぎり・おべんとう)

등심 돈까스 덮밥

ロースカツ丼

편의점 음식에 대한 선입견은 잊어도 돼! 내가 일본에 처음 갔을 때 먹어 보고 깜짝 놀란 로손의 도시락이야. 데우면 전문점 못지않은 비주얼과 맛이 나지. 부담스럽지 않으면서도 누구나 만족스럽게 먹을 수 있어.

일본어 이름	로스카츠동
제조사	로손
판매	LAWSON STATION
표준 정가	592円(2024년 10월 편의점 기준)
기본 용량	-
열량	781kcal

도시락 おべんとう
삼각김밥 おにぎり

-단어-

1. 새우 마요네즈 ^{에비마요네즈}海老マヨネーズ

2. 연어 ^{베니사케}紅さけ

3. 참치 마요네즈 ^{츠나마요네즈}ツナマヨネーズ

4. 매운 명란 ^{카라시멘타이코}辛子明太子

5. 매실 ^{난코우메}南高梅

6. 구운 연어 ^{야끼사케}焼鮭

7. 고소한 볶음밥 ^{코바시야끼메시}香ばし焼めし

8. 반숙 삶은 계란 ^{한주쿠니타마고}半熟煮玉子

9. 차조기잎 ^{시소}しそ

10. 계란 오무스비(주먹밥) ^{타마고노오무스비}玉子のおむすび

11. 참치 まぐろ

12. 겨자 차슈마요 チャーシューマヨ(からしマヨ入り)

13. 다시마 昆布

14. 명란 마요 明太子マヨネーズ

15. 다시마 명란 昆布明太

16. 돼지 김치 豚キムチ

17. 참깨 연어 胡麻さけ

18. 미역 わかめ

19. 풋콩 소금 다시마 枝豆と塩昆布

20. 오므라이스 オムライス

21. 영계 튀김 若鶏の唐揚

22. 영계 육즙튀김 若鶏のジューシー唐揚

23. 치킨난반 チキン南蛮

24. 반숙계란 닭튀김 半熟玉子の唐揚

25. 타르타르로스 치킨난반 タルタルソースのチキン南蛮

26. 치킨까스 チキンカツ

27. 등심 돈까스 ロースとんかつ

28. 숙성 등심 돈까스 熟成ロースとんかつ

29. 맛있게 매운 사천식 마파두부덮밥 旨辛四川風麻婆丼

30. 마파두부덮밥 麻婆豆腐丼

31. 사천식 마파두부덮밥 四川風麻婆丼
시 센 후 마 보 동

32. 특제 소고기덮밥 特製牛丼
톡 세 규 동

33. 소고기덮밥 牛丼
규 동

34. 닭고기 계란덮밥 親子丼
오 야 코 동

35. 부드러운 닭고기 계란덮밥 ふんわり玉子の親子丼
훈 와 리 타 마 고 노 오 야 코 동

36. 부드러운 등심 돈까스덮밥 やわらロースかつ丼
야 와 라 카 로 스 카 츠 동

37. 돈까스덮밥 かつ丼
카 츠 동

38. 카레 소고기덮밥 カレー牛丼
카 레 규 동

39. 연어구이 양념덮밥 炙り焼紅鮭のつけ丼
아 부 리 야 끼 베 니 사 케 노 츠 케 동

40. 새우 그라탕 海老グラタン
에 비 구 라 탕

단어

89

41. 미트소스 도리아 ミートソースドリア

42. 햄버그 카레 도리아 ハンバーグカレードリア

43. 명란 모찌 치즈 도리아 明太もちチーズのドリア

44. 베이컨 그라탕 ベーコングラタン

45. 토마토소스 라자냐 トマトクリームソースのラザニア

46. 토마토 도리아 トマトのドリア

47. 치킨 시금치 도리아 チキンとほうれん草グラタン

48. 치즈 그라탕 チーズグラタン

49. 버터 치킨 카레 バターチキンカレー

50. 소고기 카레 ビーフカレー

51. 토마토 하야시라이스 トマトのハヤシライス

52. 데미그라스소스 오므라이스 デミオムライス

53. 골라 먹는 카레 こだわりカレー

54. 야키소바 焼そば

55. 야키우동 焼うどん

56. 판메밀 ざる蕎麦

57. 나폴리탄 ナポリタン

58. 까르보나라 カルボナーラ

59. 명란 파스타 明太子パスタ

60. 미트소스 파스타 ミートソースパスタ

단어

61. 오코노미야키 & 야키소바 <ruby>お好み焼<rt>オコノミヤキ</rt></ruby> & <ruby>ソース焼そば<rt>ソ ス ヤ キ ソ バ</rt></ruby>

62. 매실 돼지 샤브샤브 파스타 <ruby>梅と豚しゃぶのパスタ<rt>ウメトブタシャブノパスタ</rt></ruby>

63. 짜장면 <ruby>ジャージャー麺<rt>ジャ ジャ メン</rt></ruby>

64. 오일 파스타 <ruby>オイルパスタ<rt>オ イ ル パ ス タ</rt></ruby>

65. 토마토 아라비아타 <ruby>トマトのアラビアータ<rt>ト マ ト ノ ア ラ ビ ア タ</rt></ruby>

66. 톤페야키 & 야키소바 <ruby>豚平焼とソース焼そば<rt>トン ペ ヤ キ ト ソ ス ヤ キ ソ バ</rt></ruby>

67. 돼지갈비 소금 야키소바 <ruby>豚カルビの塩焼そば<rt>ブ タ カ ル ビ ノ シ オ ヤ キ ソ バ</rt></ruby>

68. 카레 야키소바 <ruby>カレー焼そば<rt>カ レ ヤ キ ソ バ</rt></ruby>

69. 해물 페페론치노 <ruby>海鮮ペペロンチーノ<rt>カ イ セン ペ ペ ロン チ ノ</rt></ruby>

70. 고등어 소금구이 <ruby>さばの塩焼き<rt>サ バ ノ シ オ ヤ キ</rt></ruby>

71. 부드러운 돼지고기 계란 ふわとろ豚玉
_{후 와 토 로 부 타 다 마}

72. 햄버그 ハンバーグ
_{한 바 구}

73. 김 海苔
_{노 리}

74. 초밥 정식 にぎり寿司
_{니 기 리 즈 시}

75. 모던야키 モダン焼
_{모 단 야 끼}

76. 타코야키 たこ焼き
_{타 코 야 끼}

77. 참치회와 파를 다져 넣은 김밥 ねぎとろ巻
_{네 기 토 로 마 끼}

78. 사라다 김밥 サラダ巻
_{사 라 다 마 키}

79. 철판구이 햄버그 鉄板焼きハンバーグ
_{텟 판 야 끼 한 바 구}

80. 고기 야채볶음 肉野菜炒め
_{니 쿠 야 사 이 이 타 메}

81. 매운 돼지 김치 旨辛豚キムチ
_{우 마 카 라 부 타 키 무 치}

三

음료 드링크
아이스크림 아이스

三。아이스크림・음료(アイス・ドリンク)

일본 편의점에는 다양한 아이스크림이 있어. 아이스크림은 한 눈에 보면 무슨 맛인거 짐작은 가지만, 많이 알려진 것을 몇개만 알아 볼까?

1	자이언트콘	2	사크레
	ジャイアント		**サクレ**
	쟈 이 안 토		사 쿠 레

3	파피코	4	가리가리군
	パピコ		**ガリガリ君**
	파 피 코		가 리 가 리 쿤

5 엣셀 슈퍼컵

エッセル
スーパーカップ

엣세루 스파 캇푸

6 모나카 정보

モナカジャンボ

오 나 카 쟌 보

7 피노

ピノ

피 노

8 mow

モウ

모 우

9 PARM

パルム

파 루 우

10 BLACK

ブラック

부 랏 ㅋ

11 빅스이카바	12 아이스노미

ビッグスイカバー	**アイスの実**
빗꾸 스이카바	아이스 노미
13 오하요 브륄레	14 과육 애플파이바
ブリュレ	**ごろろん果肉 アップルパイバー**
브 뤼 레	고로론 카니쿠 아프루 파이바

15 소

爽

소

16 칼피스 워터 보틀 아이스

カルピスウォーター
ボトルアイス

카 루 피 스 워   타
보   토 루 아 이 스

다 먹고 싶다..

에효

파닥   파닥

너무 많이 먹으면 배탈나!
화장실에서 못 나올껄..

마구로 센세
(자칭 아이스크림
매니아)

사실 종류는 더 많지만 편의점에
가면 항상 있는 상품들이 계속
있기 마련이야.
그래서 새로운 제품을 원한다면
항상 꾸준히 새롭게 나오는
PB 상품 아이스크림을 찾아봐!
맛도 웬만큼 보장!

오호! 너 뭔가 멋있어 보인다!

헷

넌 안 먹니?

난 목이 말라서 음료수 먹을 게.

앗!.. 괜히 멋있는 척했다.

아.. 아냐 나도 아이스크림 좋아해. 근데 지금은 목이 더 말라서..

시무룩

나중에 꼭 너가 추천한 것 참고해서 먹을거야!

헤헤 정말? 고마워~.

음료수 고르러 가자~!

응!

三。아이스크림・음료(アイス・ドリンク)

와.. 어느 코너 보다 가장 복잡해 보이는 것 같아!

자세히 알아 보면 분류가 되어 있어. 천천히 알아 보자!

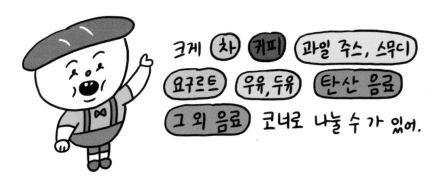

크게 (차) (커피) (과일 주스, 스무디) (요구르트) (우유, 두유) (탄산 음료) (그 외 음료) 코너로 나눌 수가 있어.

가장 복잡하고 많은 제품은... (차)!

(커피)나 (과일 주스, 스무디) 코너도 제품이 많긴 하지만,

그림이나 영어를 보면 쉽게 알 수 있거든.

하지만 (차) 코너는.. 온통 茶 라는 글씨 밖에 안보여..

三。아이스크림 · 음료(アイス・ドリンク)

그래서 몇 가지 먼저 대표적인 茶 제품과 맛을 알아 보자.

좋아!

---

17 기린 오후의 홍차

KIRIN

고 고 노 코 챠

가장 유명하고 많이들 찾는 밀크티 상품.

종류 밀크티, 레몬티, 스트레이트 티, 무설탕 등.

18 아사히 16 차

Asahi

쥬 로쿠 챠

천연 재료 16가지를 이용해 만든 건강에 좋다는 음료.

29 산토리 이에몬

이 에 몬

산토리와 교토의 찻집「후쿠쥬엔」이
협업해서 만든 녹차

20 산토리 특차

토쿠 챠

지방 소비를 줄여준다는 차

21 이토엔 오~이오차

오~ 이 오 챠

가장 유명하고 잘 팔리는 NO.1 녹차
누군가를 부르는 말인 '오~이'와 '차'를 뜻하는
'오차'를 붙인 이름

三。아이스크림·음료(アイス·ドリンク)

| 22 | 기린 생차 |

生茶

나아 챠

세계 최초의 카페인 제로 녹차

| 23 | 코카콜라 아야타카 |

あやたか

아 야 타 카

코카콜라가 교토의 찻집
「칸바야시 슌쇼 혼텐」과
협업하여 만든 녹차

| 24 | 산토리 우롱차 |

烏龍茶

우 롱 챠

강쥘 맛, 떫은 맛, 쓴 맛을 균형있게
잡은 산토리 대표 우롱차

이 정도가 유명한 제품들이고
여기서 **현미 玄米**
자스민 ジャスミン　**참깨 胡麻**
보리 麦 등등의 맛도 있단다.

이렇게 브랜드를 알고 다시 보니까 생각 보다 복잡하진 않네.

응응! 별로 어렵지 않지? 이제 다른 음료들을 볼까?

---

25 카고메 야채 생활100

KAGOME

野菜生活100

야사이 세 카츠　햐쿠

야채 음료를 대중화시킨 카고메의 대표 음료.

26 카고메 야채생활 100 스무디

KAGOME

野菜生活
100
スムージー

야사이 세 카츠
햐쿠
스 무 지

야채주스는 카고메
제품이 엄청 많네?

과일, 야채 주스는 카고메
제품이 가장 많아.
그만큼 종류도 많지.
오리지널 제품보다
카고메 스무디가 더 먹기
쉬운 맛이야.

KAGOME

끄덕

27 구리코 마일드 카페오레

glico

マイルド
カフェオーレ

마 이 루 도
까 훼 오 레

28 도토루 부드러운 라떼

DOUTOR

ふんわり
ラテ

훈 와 리
라떼

캔커피 코너가 녹차 코너 못지 않게 복잡해 보이는데, 사실 브랜드가 너무 많아서 그래. 많아 보이지만 맛은..

ブレンド

블렌드

CAFÈ AU LAIT
カフェオレ

까페 오레

ブラック

블랙

カフェラテ

까페 라떼

エスプレッソ

에스 프레 소

위 5개의 맛이 거의 대부분이야.
여기서 더 고급화 되거나 뜨겁거나 차갑거나 등으로 나눠져.

그럼 대표적인 브랜드들을 알아 볼까?

| 29 | UCC (우에시마)

UCC
うえしまコーヒー
우 에 시 아 코 히

일본에 처음으로 커피를 보급하고
세계 최초의 캔 커피를 만든 브랜드

| 30 | 코카콜라 조지아

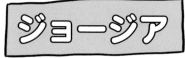

ジョージア
죠 지 아

일본 커피 시장의 점유율에서 선두이고
일본에서 가장 많은 커피 라인업을 가지고
있는 브랜드

| 31 | 산토리 BOSS

SUNTORY
ボス
보 스

1992년부터 출시된 산토리의 커피
브랜드.
담배 파이프를 물고 있는 아저씨 그림이
메인 이미지.

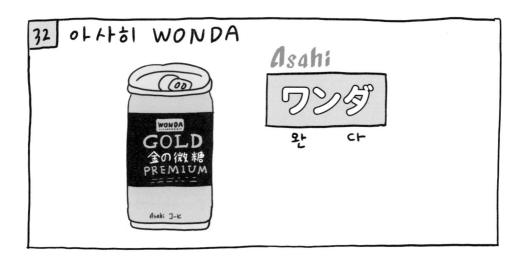

32 아사히 WONDA

Asahi

ワンダ

완 다

이 커피들 외에도 우리가 자주 보는 스타벅스 제품들도 많아.

33 킷코만 조제두유

kikkoman

調製豆乳

초 세 토 뉴

34 아사히 미쓰야 사이다

Asahi

三ツ矢 サイダー

미 츠 야
사 이 다

35 메이지 R-1 유산균 요구르트

meiji

R-1 ヨーグルト

아루 완　요 구 루토

2009년 첫 발매를 시작으로 현재도 가장
잘 나가는 요구르트 제품.
면역력, 장 건강, 숙취해소 등에
좋다고 한다.

36 아사히 칼피스

Asahi

カルピスウォーター

카 루 피 스　　워　　타

일본에서 가장 유명한 유산균 음료 브랜드.
요구르트의 살아 있는 유산균이 아니라
죽은 유산균이 특징 (긴 유통기간을 위해).

37 코카콜라 이로하스

いろはす

이 로　하 스

과일, 야채 맛이 은은하게 나는 물 음료.
종류 복숭아, 귤, 포도, 토마토, 딸기, 사과 등

3 봉투에 담아 드릴까요?

ふくろはごりようですか。

(후쿠로 와고 리요 데스까)

4 아니요, 괜찮습니다.

いいえ、だいじょうぶです。

(이이에, 다이죠 부 데스)

三。아이스크림・음료(アイス・ドリンク)

야채생활100 스무디
野菜生活100スムージー

솔직히 초등학생 입맛에 가까운 나도 좋아하는 야채 & 과일 스무디야. 다양한 맛이 있어서 하루하루 골라 먹는 재미도 있어. 거기다 왠지 건강해지는 느낌은 덤이랄까?

일본어 이름	야사이세카츠100 스무지
제조사	카고메
판매	
표준 정가	178円(2024년 10월 편의점 기준)
기본 용량	330ml
열량	종류별 150kcal 내외

음료 ドリンク
아이스크림 アイス

-단어-

1. 자이언트콘 ジャイアント
^{쟈 이 안 토}

2. 사크레 サクレ
^{사 쿠 레}

3. 파피코 パピコ
^{파 피 코}

4. 가리가리군 ガリガリ君
^{가 리 가 리 쿤}

5. 엣셀 슈퍼컵 エッセルスーパーカップ
^{엣 세 루 스 파 캇 푸}

6. 모나카 점보 モナカジャンボ
^{모 나 카 쟌 보}

7. 피노 ピノ
^{피 노}

8. MOW モウ
^{모 우}

9. PARM パルム
^{파 루 무}

10. BLACK ブラック
^{부 랏 쿠}

11. 빅 스이카바 ビッグ・スイカバー

12. 아이스노미 アイスの実

13. 브륄레 ブリュレ

14. 과육 애플바이바 ごろろん果肉アップルパイバー

15. 소 爽

16. 칼피스 워터 보틀 아이스 カルピスウォーターボトルアイス

17. 오후의 홍차 午後の紅茶

18. 16차 十六茶

19. 이에몬 伊右衛門

20. 특차 特茶

단어

21. 오~이오차 <ruby>お<rt>오</rt>~<rt>이</rt>い<rt>오</rt>お<rt>챠</rt>茶</ruby>

22. 생차 <ruby>生<rt>나</rt><rt>마</rt>茶<rt>챠</rt></ruby>

23. 아야타카 <ruby>あ<rt>아</rt>や<rt>야</rt>た<rt>타</rt>か<rt>카</rt></ruby>

24. 우롱차 <ruby>烏<rt>우</rt>龍<rt>롱</rt>茶<rt>챠</rt></ruby>

25. 야채생활 100 <ruby>野<rt>야</rt>菜<rt>사이</rt>生<rt>세</rt>活<rt>카츠</rt>100<rt>햐쿠</rt></ruby>

26. 야채생활 100 스무디 <ruby>野菜生活100スムージー<rt>야사이세카츠햐쿠스무지</rt></ruby>

27. 마일드 카페오레 <ruby>マイルドカフェオーレ<rt>마이루도까훼오레</rt></ruby>

28. 부드러운 라떼 <ruby>ふんわりラテ<rt>훈와리라떼</rt></ruby>

29. UCC(우에시마) <ruby>うえしまコーヒー<rt>우에시마코히</rt></ruby>

30. 조지아 <ruby>ジョージア<rt>죠지아</rt></ruby>

31. BOSS ボス
<ruby>ボ<rt>보</rt>ス<rt>스</rt></ruby>

32. WONDA ワンダ
<ruby>ワ<rt>완</rt>ン<rt>다</rt>ダ</ruby>

33. 조제 두유 調製豆乳
<ruby>調<rt>초</rt>製<rt>세</rt>豆<rt>토</rt>乳<rt>뉴</rt></ruby>

34. 미쓰야 사이다 ミツ矢サイダー
<ruby>ミ<rt>미</rt>ツ<rt>츠</rt>矢<rt>야</rt>サ<rt>사</rt>イ<rt>이</rt>ダ<rt>다</rt></ruby>

35. R-1 유산균 요구르트 R-1ヨーグルト
<ruby>R-1<rt>아루완</rt>ヨ<rt>요</rt>ー<rt>구</rt>グ<rt>루</rt>ル<rt>토</rt>ト</ruby>

36. 칼피스 カルピスウォーター
<ruby>カ<rt>카</rt>ル<rt>루</rt>ピ<rt>피</rt>ス<rt>스</rt>ウォ<rt>워</rt>ー<rt>타</rt>ター</ruby>

37. 이로하스 いろはす
<ruby>い<rt>이</rt>ろ<rt>로</rt>は<rt>하</rt>す<rt>스</rt></ruby>

四

森永　濃厚卵の
カスタードプリン７５G
¥**112**
（税込 ¥120）

プリン１０５G
¥**100**
（税込 ¥108

우아, 배 불러. 배 터진다.

너무 과식해 버렸어. 후식 먹을 배는 남겼어야 했는데.

앗!

아이참. 당연히 디저트 배는 따로 있지! 아니, 따로 없어도 먹어야 되는 게 디저트라구!

그런 마인드 아주 맘에 들어! 가자!

앗!

가자아!

으응..

으윽.. 근데 배불러서 멀리 못 가겠어.

으으으..

걱정마. 편의점 디저트도 전문점 못지 않게 맛있단다.

5 몽블랑

モンブラン

몽　　　부　　랑

밤으로 만든 마론 크림 디저트.

6 티라미수

ティラミス

티　라　미　스

7 크레페

クレープ

쿠　레　푸

8 샌드

サンド

산　　　도

9 푸딩

プリン

푸　　　링

10 크림 브륄레

クリームブリュレ

쿠　리　무　부　류　레

커스터드 크림 위에 설탕을 올린 뒤 토치등
을 이용해 설탕을 녹여 내는 디저트.

四。빵・디저트(パン・スイーツ)

11 도라야키

ドラ焼き
도 라 야 키

'도라에몽'이 먹는 유명한 디저트

12 롤 케이크

ロールケーキ
로 루 케 이 키

13 파르페

パフェ
파 훼

14 모치

もち(餅)
모 찌

찹쌀 경단

15 와라비 모치

わらびもち
와 라 비 모 찌

물방울 모양의 떡

16 크로와상

クロワッサン
쿠 로 왓 상

17 바게트

バゲット

바 겟 토

18 프로마쥬

フロマージュ

후 로 마 쥬

프랑스 치즈 케이크

19 식빵

食パン

쇼쿠 팡

20 에클레어

エクレア

에 쿠 레 아

21 와플

ワッフル

왓 후 루

대체로 이런 빵, 디저트 종류들이 많이 판매되고 있어.

쩡짓!

이제 편의점 별로 좀 더 자세히 알아보자면..

편의점들은 각자의 디저트 PB브랜드를
가지고 있어.

로손

세븐
일레븐

패밀리 마트

원래 디저트 분야에선 로손의 "도지마롤" 덕분에
로손이 엄청난 수익과 유명세를 얻게 되었지만

세븐 일레븐의 엄청난 성장으로 지금은 세븐일레븐이 강세야.
하지만 편의점 별로 특색 있는 디저트들이 많으니 어찌 됐든 소비자들
에게는 좋은 것이지.

세븐 일레븐에서 빵제품을 PB상품으로 개발하는 과정

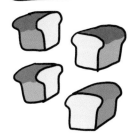

① 전국의 맛있는 빵집에서 개발하려는 빵을 공수, 분석.

② 대기업이기 때문에 가능한 고품질, 고가의 재료를 사용.

③ 초 대량 생산으로 가격을 낮춤.

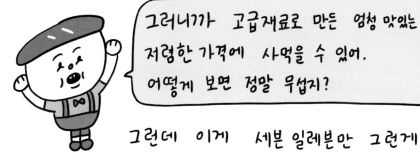

그러니까 고급재료로 만든 엄청 맛있는 빵을 저렴한 가격에 사먹을 수 있어. 어떻게 보면 정말 무섭지?

그런데 이게 세븐 일레븐만 그런게 아니라 모든 편의점들이 가격은 낮추면서 고품질의 PB 상품을 만들기 위해 끊임없이 경쟁 중이야.

四。빵·디저트(パン·スイーツ)

대단하다. 그럼 결국은 우리한테 좋은 것 아니야?

편의점들에겐 경쟁이 목표지만 결국 소비자들에게 좋은 제품을 저렴하게 판매하는 것이니까 우리는 좋은 게 아닐까?

우아! 엄청 박사님같아. 모르는 게 없구나! 멋있어. 마구로.

아니야. 나도 잘은 몰라. 헤헤헤.

갑자기 너무 어려운 이야기를 했더니 배가 고프다. 빨리 단걸 섭취해야겠어.

휘청

일본 편의점 빵 종류는 무려 1000가지 이상이야. 꾸준히 판매되는 상품부터, 각종 한정 상품까지..

그 중에서 잘 알려지고 맛있는 것을 알아보자.

응응!

멋짐

멋짐

22 레몬 케이크

レモンケーキ

레 몬 케 키

23 프리미엄 롤케이크

プレミアムロールケーキ

푸 레 미 아 무 로 루 케 키

24 프리미엄 롤케이크 초코

プレミアムロールケーキ
チョコ

푸 레 미 아 무 로 루 케 키
초 코

25 생 도라야키

生どら焼

나아 도 라 야키

26 모치 식감롤

もち食感ロール

모 찌 속 깐 로 루

27 모치 식감롤 녹차

もち食感ロール
抹茶

모 찌 속 깐 로 루
맛 차

四。빵・디저트(パン・スイーツ)

28 에그타르트	29 20겹 크레이프 케이크
エッグタルト	20層のミルクレープ
엣 구 타 루 토	니쥬 소노 미루 쿠레 푸

30 바나나 초코칩 크레페	31 오믈렛
バナナチョコチップのクレープ	オムレツト
바 나 나 초 코 칫 푸 노 쿠레 푸	오 무 렛 토

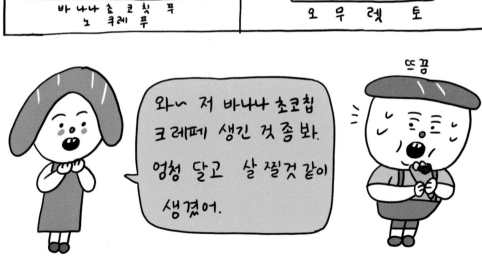

와ㄴ 저 바나나 초코칩 크레페 생긴 것 좀 봐. 엄청 달고 살 찔것 같이 생겼어.

뜨끔

세븐 까페

세븐 까페는 우리가 쉽게 아는 빵, 쿠키들을 모아 놓은
코너야. 여러 가지 맛있는 디저트들이 있는데,
여기서 조금 색다르지만 중독성있는 제품을 소개하자면..

럼레이즌 샌드

건포도를 먹는 것에 부담이
없다면 한 번 먹어봐.

마구로 선세
강력 추천!

32 에그 샌드위치

玉子サンド

타아고 산 도

33 도톨도톨 콘스틱

つぶつぶコーン
スティック

츠부츠부콘
스틱 쿠

34 연유 밀크 크림 프랑스

練乳ミルククリーム
フランス

렌 뉴 이루 쿠쿠리 무
후랑 스

35 뜯어 먹는 빵(초코)

ちぎりパン

치 기 리 팡

36 깊은 맛 가득한 카레 빵

たっぷりコク旨
カレーパン

탓 푸리 코쿠우아
카레 팡

37 양상추 샌드위치

シャキシャキレタズ

샤 키 샤 키 레 타 스

38 호우지차 크림 와라비	39 우지 녹차 와라비
ほうじ茶くりいむわらび	宇治抹茶わらび
호 우 지 차 쿠 리 이 무 와 라 비	우 지 맛 차 와 라 비

40 치즈 수플레	41 금(金)시리즈 식빵
チーズスフレ	金の食パン
치 즈 스 후 레	킨 노 쇼쿠 팡

42 슈크림	43 농후 프로마쥬
とろりんシュー	濃厚フロマージュ
토 로 린 슈	노 코 후 로 마 쥬

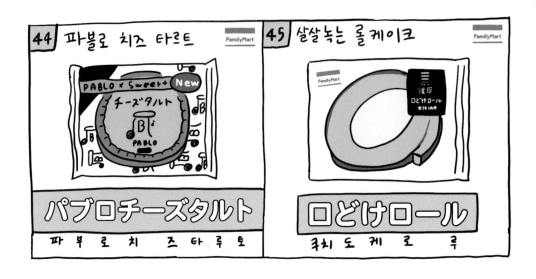

| 44 | 파블로 치즈 타르트 | FamilyMart |
| 45 | 살살 녹는 롤 케이크 | FamilyMart |

パブロチーズタルト

파 부 로 치 즈 타 루 토

ロどけロール

쿠치 도 케 로 루

46 안심 돈까스 샌드 FamilyMart

ひれかつサンド

히 레 카 소 산 도

47 밀크 크레이프 케이크 FamilyMart

ミルクレープ

미 루 쿠 레 푸

48 프리미엄 바움쿠헨 FamilyMart

プレミアムバウム

푸 레 이 아 무 바 우 무

49 프리미엄 도라야키 FamilyMart

プレミアムどら焼

푸 레 이 아 무 도 라 야 키

50 자허 토르테 FamilyMart

ザッハトルテ

잣 하 토 루 테

초코렛과 살구 잼 케이크

51 브륄레 치즈 케이크 FamilyMart

ブリュレチーズケーキ

부 류 레 치 즈 케 키

四。빵・디저트(パン・スイーツ)

다 먹어 보고 싶어.. 언젠간 꼭 하나씩 다 먹어 보고 말겠어!

살 찌겠다..

괜찮아. 맛있게 먹으면 O 칼로리래.

음.. 설득력 있어.

사실 편의점 별로 맛있다고 소문난 디저트들을 소개 해 봤지만 개인 성향에 따라 어떤 건 너무 달고, 어떤 건 생각보다 뻑뻑하고 그럴 수도 있어. 뭐가 뭔지 모를 땐 가장 높은 등급 PB 상품을 고르는 게 실패할 확률을 줄여 줄거야.

로 손

세븐 일레븐

패밀리 마트

위 로고가 들어간 제품은 고 품질을 지향하는 상품이니 다 먹어 볼 수 없는 여행객들에게는 위 로고 제품을 먹어 보는 것을 추천해.

四。빵・디저트(パン・スイーツ)

52 오하요 저지 우유 푸딩

ジャージー牛乳プリン

쟈　지　규뉴푸　링

53 모리나가　구운 푸딩

焼プリン

야키　푸　　링

54 구리코 풋친 푸딩

プッチンプリン

풋　친　푸　링

55 루나 바닐라 요구르트 푸딩

バニラヨーグルト

바　니라　요　구　르　토

56 에이토 나메라카 푸딩

なめらかプリン

나 메 라 카 푸 링

57 아시아 다방 살살 녹는 행인두부

とろける杏仁豆腐

토　로　케　루　안　닌　도　후

살구씨로 만든 중국 디저트

58 모리나가 우유 푸딩	59 EMIAL 타피오카 코코넛
牛乳プリン	タピオカココナッツ
규 뉴 푸 링	타 피 오 카 코 코 낫 츠
	중국식 코코넛 디저트

대략 편의점 푸딩은 카라멜 푸딩

우유 푸딩   요구르트 푸딩   그 외 맛 푸딩 으로

크게 분류 할 수 있어.

그 중에서 가장 유명한 푸딩 몇개를
먹어 보고 비교해 보았어.

우와. 이걸 다 먹어 보다니.
너 디저트를 엄청 좋아
하는 구나!

으음..
내가 좀
단 걸..

음

퉁퉁

자! 그럼 한번
알아 볼까!

四。빵・디저트(パン・スイーツ)

모리나가 구운 푸딩

계란 맛이 많이 나는 정통 푸딩.
위에 구운 설탕이 계란 맛을 잘
잡아 줘서 무척 맛있어.
편의점 랭킹 최상위권의 푸딩!

오하요 저지 우유 푸딩

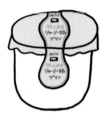

우유맛이 무척 강해. 거의
우유 맛밖에 안 느껴지지만
적당히 고소하면서 느끼하지
않고 맛있어.

구리코 풋친 푸딩

옛날 카라멜 푸딩 맛.
세련되진 않지만
향수가 느껴지는
그런 푸딩 맛이야.

루나 바닐라 요구르트 푸딩

이건 마구로 센세가
강추하는 푸딩이야.
요구르트와 우유맛의
중간 이랄까? 적당히
달면서 중독성 있는 맛.

四。빵・디저트(パン・スイーツ)

이런 걸 편의점에서 판다는 게 정말 부럽다~.

헤헤

부럽긴 하지만, 그렇게 되면 난 지금 보다 더 통통해 질 것 같아.

깔 깔 깔깔

오잉?

아냐, 넌 통통한 게 매력이야. 걱정마.

그.. 그런가?

그럼.. 사계쟝은 나에게 매력을 느끼는 것인가?

오하요 저지 우유 푸딩
ジャージー牛乳プリン

나 마구로센세가 일본에 갈 때마다 하루에 하나씩 먹는 푸딩이야. 달지도 않고 우유의 고소함과 부드러움이 조화롭게 느껴져서 계속 먹을 수 있어!

일본어 이름	오하요 쟈지 규뉴 프린
제조사	오하요
판매	
표준 정가	170円(2024년 10월 편의점 기준)
기본 용량	115g
열량	153kcal

 おいしい~

디저트 스イーツ
빵 パン

-단어-

1. 케이크 ケーキ (케 키)

2. 타르트 タルト (타 루 토)

3. 슈크림 シュークリーム (슈 쿠 리 무)

4. 수플레 スフレ (스 후 레)

5. 몽블랑 モンブラン (몽 부 랑)

6. 티라미수 ティラミス (티 라 미 스)

7. 크레페 クレープ (쿠 레 푸)

8. 샌드 サンド (산 도)

9. 푸딩 プリン (푸 린)

10. 크림 브륄레 クリームブリュレ (쿠 리 무 부 류 레)

11. 도라야키 ドラ焼き
<small>도 라 야 키</small>

12. 롤케이크 ロールケーキ
<small>로 루 케 키</small>

13. 파르페 パフェ
<small>파 훼</small>

14. 모치 もち(餅)
<small>모 찌</small>

15. 와라비 모치 わらびもち
<small>와 라 비 모 찌</small>

16. 크로와상 クロワッサン
<small>쿠 로 왓 상</small>

17. 바게트 バゲット
<small>바 겟 토</small>

18. 프로마쥬 フロマージュ
<small>후 로 마 쥬</small>

19. 식빵 食パン
<small>쇼 쿠 팡</small>

20. 에클레어 エクレア
<small>에 쿠 레 아</small>

단어

21. 와플 ワッフル
^{왓 후 루}

22. 레몬 케이크 レモンケーキ
^{레 몬 케 키}

23. 프리미엄 롤케이크 プレミアムロールケーキ
^{푸 레 미 아 무 로 루 케 키}

24. 프리미엄 롤케이크 초코 プレミアムロールケーキチョコ
^{푸 레 미 아 무 로 루 케 키 초 코}

25. 생도라야키 生どら焼
^{나 마 도 라 야 키}

26. 모치 식감롤 もち食感ロール
^{모 찌 쇽 칸 로 루}

27. 모치 식감롤 녹차 もち食感ロール抹茶
^{모 찌 쇽 칸 로 루 맛 차}

28. 에그타르트 エッグタルト
^{엣 구 타 루 토}

29. 20겹 크레이프 케이크 20層のミルクレープ
^{니 쥬 소 노 미 루 쿠 레 푸}

30. 바나나 초코칩 크레페 バナナチョコチップのクレープ
^{바 나 나 초 코 칫 푸 노 쿠 레 푸}

31. 오믈렛 オムレット
오 무 렛 토
オムレット

32. 에그 샌드위치 玉子サンド
타 마 고 산 도
玉子サンド

33. 도톨도톨 콘스틱 つぶつぶコーンスティック
츠 부 츠 부 콘 스 틷 쿠

34. 연유 밀크 크림 프랑스 練乳ミルククリームフランス
렌 뉴 미 루 쿠 쿠 리 무 후 랑 스

35. 뜯어 먹는 빵(초코) ちぎりパン
치 기 리 팡

36. 깊은 맛 가득한 카레빵 たっぷりコク旨カレーパン
탓 푸 리 코 쿠 우 마 카 레 팡

37. 양상추 샌드위치 シャキシャキレタス
샤 키 샤 키 레 타 스

38. 호우지차 크림 와라비 ほうじ茶くりいむわらび
호 우 지 차 쿠 리 이 무 와 라 비

39. 우지 녹차 와라비 宇治抹茶わらび
우 지 맛 차 와 라 비

40. 치즈 수플레 チーズスフレ
치 즈 스 후 레

단어

155

41. 금 시리즈 식빵 金の食パン
_{킨 노 쇼 쿠 팡}

42. 슈크림 とろりんシュー
_{토 로 린 슈}

43. 농후 프로마쥬 濃厚フロマージュ
_{노 코 후 로 마 쥬}

44. 파블로 치즈 타르트 パブロチーズタルト
_{파 부 로 치 즈 타 루 토}

45. 살살녹는 롤케이크 口どけロール
_{쿠 치 도 케 로 루}

46. 안심 돈까스 샌드 ひれかつサンド
_{히 레 카 츠 산 도}

47. 밀크 크레이프 케이크 ミルクレープ
_{미 루 쿠 레 푸}

48. 프리미엄 바움쿠헨 プレミアムバウム
_{푸 레 미 아 무 바 우 무}

49. 프리미엄 도라야키 プレミアムどら焼
_{푸 레 이 아 무 도 라 야 키}

50. 자허토르테 ザッハトルテ
_{잣 하 토 루 테}

51. 브륄레 치즈케이크 ブリュレチーズケーキ

52. 저지우유 푸딩 ジャージー牛乳プリン

53. 구운 푸딩 焼プリン

54. 풋친푸딩 プッチンプリン

55. 바닐라 요구르트 푸딩 バニラヨーグルト

56. 나메라카 푸딩 なめらかプリン

57. 살살 녹는 행인두부 とろける杏仁豆腐

58. 우유 푸딩 牛乳プリン

59. 타피오카 코코넛 タピオカココナッツ

五

핫스낵 ホットスナック
국 しる
컵라면 カップラーメン

교토
아라시야마

여기 진짜 여유롭고 좋다.
과거로 시간 여행 온 것 같아.

헤헤. 오길 잘
했다. 나도
꼭 한 번 오고
싶었거든.

너만 따라다니
니까 다 좋고
맛있어서 좋아.

흠.. 이제 더 이상 시간을 끌 순
없어.. 사계짱에게 내 마음을
당당하게 고백하고 싶어.

무슨 생각을 그리
골똘히 해?

아하... 그냥 어떻게 고백할까 하고..

고백? 무슨 고백인데?

.... 그.. 그러니까 내가 지금 배가 고파서.. 그 걸 너한테 어떻게 고백을.. 할까 하고..

횡설 수설

무슨 말을 그리 어렵게 해. 그냥 배고프다고 하면 되는데.

하하.. 그러네..

휴 다행

그럼 먹으러 가자. 나 라멘이 먹고 싶은 데 괜찮아?

응응! 라멘 먹으러 가자!

라아멘~

五。 컵라면・국・핫스낵(カップラーメン・しる・ホットスナック)

한 시간 뒤

으음, 근처에 라멘 집이 마땅한 게 없네

사실 편의점에서도 맛있는 라멘을 팔긴 하는데

편의점에서 라멘도 팔아?

아니, 컵라면인데 라멘 버금가는 제품도 있달 까나?

챱

그럼 빨리 가자!

휙

어맛!

Family Mart

Family

어디 보자.

오아!

어떻게 보면 컵라면이 가장 고르기
어려운 편의점 음식 같아.
뭔지 몰라서 찍어서 샀다가 먹어 볼때
너무 안 맞아서 못 먹는 경우가 많거든.

맛있는 데?

그래서 한국인들 입맛에
잘 맞고 실패할 확률이
적은 컵라면 몇 개를
소개해 줄게.

五。컵라면・국・핫스낵(カップラーメン・しる・ホットスナック)

1 닛신 돈베 우동

유부(키츠네)우동   카레 우동

돈　베　에

고기(니쿠)우동   튀김(텐푸라)소바

일본에서도 많이 먹지만 한국인들도 많이 찾는 컵라면이야.
다 먹어 봤는데, 부담없이 깔끔한 맛이라서 먹기가 좋아.

2 닛신 치킨 라멘

チキンラーメン

치　킨　라　멘

최초의 인스턴트 라멘인 치킨라멘의
컵라면 제품.
이건 마구로 센세가 가장 좋아하는
라멘이야.   보통 달걀을 넣어 먹는데
그냥 먹어도 맛있어. 조금 싱거운
어린이 라멘 맛이야.

오리지날

시푸드

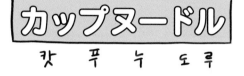

칠리 토마토

카레

최초의 컵라면. 플라스틱 용기에 뜨거운 물만 넣으면 즉석에서 먹을 수 있는 모든 인스턴트 식품의 원조 조상님이야.

건더기가 말도 안 되게 크고 풍부한 게 특징!

오리지날은 간장맛, 시푸드는 나가사키 짬뽕맛 이야.

칠리 토마토와 카레는 잘 시도하지 않는데 이것들도 엄청 맛있어!

칠리 토마토는 토마토 스튜, 스파게티 맛 이야.

五。컵라면·국·핫스낵(カップラーメン·しる·ホットスナック)

야키소바

4 페얀구

5 잇페쨩

6 U.F.O.

ペヤング	一平ちゃん	ユーフォー
페 얀 구	잇 페 쨩	유 호

페얀구 - 새콤한 향이 강해. 새콤한 걸 좋아하면 추천!

잇페쨩 - 마요네즈 소스가 따로 있어. 느끼한 걸 좋아하면 추천!

U.F.O.- 위 두 제품의 중간 정도의 맛.

야키소바는 짜거나 느끼하거나 호불호가 강하다는 점!

7 닛신 라왕

라 오

간장(쇼유)

닭육수(토리다시)

돼지뼈육수(돈코츠)

된장(미소)

닛신 라왕은
컵라면이지만 라멘 전문점 못지 않은 품질의 국물 맛을
맛 볼 수 있는 라멘이야. 정말 웬만한 라멘집보다 맛있어!
열어 보면 스프가 많은데..

스프 구성

| 건더기 스프 | 차슈 | 분말 스프 | 액상 스프 |

① 차슈, 건더기 스프, 면을 넣고.

② 뜨거운 물

③ 액상 스프는 면이 익는 동안 뚜껑에 올려줘. 그래야 잘 녹거든.

④ 면이 다 익으면 분말, 액상 스프를 넣고 잘 섞으면 완성!

五。 컵라면·국·핫스낵(カップラーメン·しる·ホットスナック)

8 | 마루쟝 세이면

간장(쇼유)

탄탄면

세이 멘

돼지뼈 간장

된장(미소)

닛신 라왕과 비슷한 라멘이야. 컵라면이지만 고급스러운
라멘 국물의 맛을 느낄 수 있어. 먹는 법도 비슷해.

닛신 라왕과 세이면은
미소라멘 에 대한 호불호가 심해.
돈코츠 와 간장(쇼유) 위주로
먹어 보는 게 실패할 확률이 적어.

五。컵라면・국・핫스낵(カップラーメン・しる・ホットスナック)

일본 편의점에서는 다양한 종류의
국을 팔고 있어. 대부분은 된장국(미소)
베이스가 제일 많아.
보통 도시락을 사먹을 때 따뜻한 국이
필요하다면 추천해.

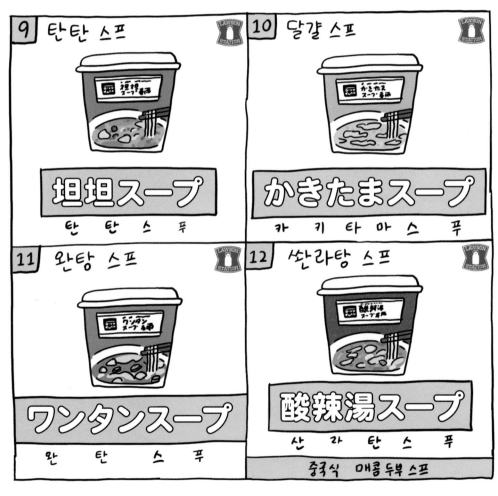

9 탄탄 스프	10 달걀 스프
坦坦スープ	かきたまスープ
탄 탄 스 푸	카 키 타 마 스 푸
11 완탕 스프	12 쏸라탕 스프
ワンタンスープ	酸辣湯スープ
완 탄 스 푸	산 라 탄 스 푸
	중국식 매콤두부 스프

생각보다 많이 구입을 안하게
되는 제품이 국 종류야. 하지만
전 날 밤 도시락과 함께
구입해두면 다음 날 아침을
든든하게 먹을 수 있는 조합이지.

뿌듯

오호! 다음에 도시락 먹을때
같이 먹어 봐야 겠다.
저번에는 못 먹어 봤네.

앗! 저번엔
내가 정신이
없어서..

괜찮아. 다음에 또
많이 먹자.

五。컵라면・국・핫스낵(カップラーメン・しる・ホットスナック)

계산대 바로 옆에서 파는
즉석 식품을 핫스낵 이라고 해.
보통 튀김 종류가 대부분이야.

바삭
바삭

19	맛있게 매운 치킨 바	7 ELEVEN

うま辛棒

우 마 카라 보

20	닭튀김	7 ELEVEN

揚げ鶏

아 게 토리

21	가라아게군	LAWSON STATION

からあげクン

카 라 아 게 쿤

로손의 유명한 핫스낵.
치킨 너겟과 비슷한 맛.

22	가라아게쿤 레드 (매운)	LAWSON STATION

からあげクンレッド

카 라 아 게 쿤 렛 도

23 가라아게쿤 홋카이도 치즈	24 소고기 주먹 고로케
からあげクン 北海道チーズ 카 라 아 게 쿤 홋 카 이 도 치 즈	牛肉ゲンコツ コロッケ 규 니쿠겐 코츠 코 롯 케
25 홋카이도 치즈 멘치카스	26 프리미엄 치킨
北海道チーズメンチ 홋 카 이 도 치 즈 멘 치	プレミアムチキン 푸 레 미 아 무 치 킨

이 중에는 뭐가 제일 맛있어?

응..

사실 내가 강추하는 핫스낵이 하나 있는데..

흣!

五。컵라면・국・핫스낵(カップラーメン・しる・ホットスナック)

五。컵라면・국・핫스낵(カップラーメン・しる・ホットスナック)

30 달걀	31 무
たまご 타마고	大根 다이콘
32 곤약	33 실곤약
こんにゃく 곤야쿠	白滝 시로타키
34 두부 튀김	35 떡 유부 주머니
厚揚げ 아츠아게	もちいりきんちゃく 모치이리킨쟈쿠

五。컵라면・국・핫스낵(カップラーメン・しる・ホットスナック)

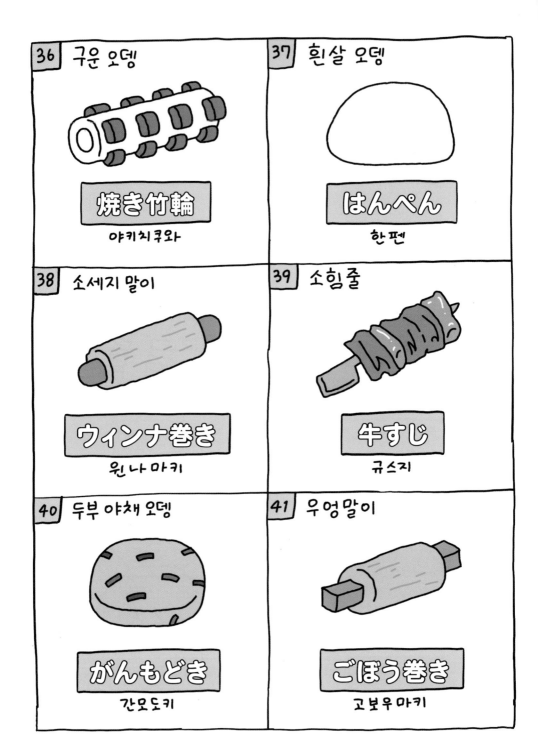

36 구운 오뎅
焼き竹輪
야키치쿠와

37 흰살 오뎅
はんぺん
한펜

38 소세지 말이
ウィンナ巻き
윈나마키

39 소힘줄
牛すじ
규스지

40 두부 야채 오뎅
がんもどき
간모도키

41 우엉말이
ごぼう巻き
고보우마키

五。컵라면·국·핫스낵(カップラーメン·しる·ホットスナック)

五。컵라면・국・핫스낵(カップラーメン・しる・ホットスナック)

앗! 으음 뽀거 아니야.. 그냥.. 음.. 커피 마시러 가자고.

헤헤. 뭐야 싱겁긴. 그래, 커피 마시러 가자.

컵누들 오리지날
カップヌードルオリジナル

닛신 컵누들은 맛있는 것들이 많지만 사실 호불호가 좀 갈리는 편이야. 하지만 오리지날은 한국 사람이라면 누구나 맛있게 먹을 수 있는 보장된 맛이지. 특히 건더기가 말도 안 되게 풍성해서 기분이 좋아!

일본어 이름	캇푸누도루 오리지나루
제조사	닛신
판매	
표준 정가	236円(2024년 10월 편의점 기준)
기본 용량	77g
열량	353kcal

핫스낵 ホットスナック
국시루 しる
컵라면 カップラーメン

-단어-

1. 돈베우동 どん兵衛 (돈베에)

2. 치킨라멘 チキンラーメン (치킨라멘)

3. 컵누들 カップヌードル (캇푸누도루)

4. 페앙구 ペヤング (페얀구)

5. 잇페쨩 一平ちゃん (잇페짱)

6. U.F.O. ユーフォー (유호)

7. 라왕 ラ王 (라오)

8. 세이면 正麺 (세이멘)

9. 탄탄 스프 坦坦スープ (탄탄스푸)

10. 달걀 스프 かきたまスープ (카키타마스푸)

11. 완탕 스프 ワンタン^{완 탄 스 푸}スープ

12. 쏸라탕 스프 酸辣湯^{산 라 탄 스 푸}スープ

13. 돼지고기 된장국 豚汁^{톤 지 루}

14. 튀긴 가지국 揚げなす^{아 게 나 스}

15. 두부 미역국 豆腐とわかめ^{토 후 토 와 카 메}

16. 바지락국 あさり^{아 사 리}

17. 나도팽나무버섯 된장국 なめこ^{나 메 코}

18. 야채가득 된장국 たっぷり野菜^{탓 푸 리 야 사 이}

19. 맛있게 매운 치킨바 うま辛棒^{우 마 카 라 보}

20. 닭튀김 揚げ鶏^{아 게 토 리}

단어

21. 가라아게군 からあげクン

22. 가라아게군 레드(매운) からあげクンレッド

23. 가라아게군 홋카이도 치즈 からあげクン北海道チーズ

24. 소고기 주먹 고로케 牛肉ゲンコツコロッケ

25. 홋카이도 치즈 멘치카츠 北海道チーズメンチ

26. 프리미엄 치킨 プレミアムチキン

27. 패미치키(순살) ファミチキ(骨なし)

28. 패미치키(레드칠리) ファミチキ(レッドチリ)

29. 패미치키(소금) ファミチキ(旨塩)

30. 달걀 たまご   **31.** 무 大根

32. 곤약 <ruby>こんにゃく<rt>곤 야 쿠</rt></ruby>　　**33.** 실곤약 <ruby>白滝<rt>시로타키</rt></ruby>

34. 두부 튀김 <ruby>厚揚げ<rt>아 츠아 게</rt></ruby>

35. 떡 유부 주머니 <ruby>もちいりきんちゃく<rt>모 치 이 리 킨 쟈 쿠</rt></ruby>

36. 구운 오뎅 <ruby>焼き竹輪<rt>야 키 치 쿠 와</rt></ruby>　　**37.** 흰살 오뎅 <ruby>はんぺん<rt>한 펜</rt></ruby>

38. 소세지 말이 <ruby>ウィンナ巻き<rt>윈 나 마 키</rt></ruby>

39. 소힘줄 <ruby>牛すじ<rt>규 스 지</rt></ruby>　　**40.** 두부 야채 오뎅 <ruby>がんもどき<rt>간 모 도 키</rt></ruby>

41. 우엉말이 <ruby>ごぼう巻き<rt>고 보 우 마 키</rt></ruby>

191

六　舎　おさけ

무슨 술을 먹어 볼까..
역시 혼 술은 맥주겠지?

먹을
생각을
하니 잠시
행복해..

앗!

앗? 마구로
센세?

휙!

어?.. 안녕?
여기서 이렇게
보게 되다니..

아, 안녕. 난 그냥
심심해서
혼자 맥주나
먹으려고
왔어.

으응,
나도
혼자..

앗!
그렇구나!

六。 술(おさけ)

사거장에게 들었어.
네가 편의점 메뉴에 대해
엄청 고수라고..

초면에 미안한데.. 무슨 술을 먹어야
할지 몰라서.. 좀 알려 줄 수 있니?

우와

응! 뭐
그 정도야.

일본의 편의점 주류는 크게

아사히 기린 삿포로 산토리 로
나눌 수 있어.

그 중에서도 맥주는 요즘 한국에서도 쉽게
접할 수 있게 되었어.
종류는 기본 제품과 한국에서는 보기 드문
프리미엄 제품 라인으로 나뉜단다.

---

1 삿포로

サッポロ
삿 포 로

---

2 에비스

エビス
에 비 스

---

3 에비스 프리미엄 에일

エビス
プレミアム
エール

에비스 프리미아므 에루

2종류의 홉을 혼합하여
에일의 향과 감칠맛을
느낄 수 있는 맥주

---

4 에비스 프리미엄 블랙

エビス
プレミアムブ
ラック

에비스 프리미아므 브랏쿠

숯으로 구워진 프리미엄 맥아를
사용해 만든 에비스의 흑맥주

---

5 기린 이치방 시보리

キリン一番搾り

키 린 이치 방 시보 리

6 아사히 슈퍼 드라이

アサヒスーパードライ

아 사 히 스 파 도 라 이

7 아사히수퍼드라이 생맥주캔

アサヒ
スーパードライ
生ジョッキ缶

아사히 수파 도라이 나마 조키캔

생맥주처럼 풍부한 거품과 맛을
느낄 수 있는 맥주

8 아사히 생맥주 마루에프

アサヒ
生ビール
マルエフ

아사히 나마비루 마루에프

1986년 발매 이래 편하고 부드러운
예전의 맛을 느낄 수 있는 맥주

9 산토리 프리미엄몰트

サントリー
ザ·プレミアム
モルツ

산 토 리
자 푹 레미아무
모루츠

10 산토리 트리플 생맥주

サントリー生ビール

산토리 나마 비루

198 >> 199

| 11 | 산토리 프리미엄몰츠 카오루 에일 | 12 | 산토리 프리미엄몰츠 마스터즈 드림 |

サントリー
プレミアム
・モルツ
香るエール

산토리 프리이아우모루츠
카오루 에루

과일향이 부드럽고 기분 좋은
에일 맥주

サントリー
プレミアム
・モルツ
マスターズ
ドリーム

산토리 프리이아우모루츠
마스타즈도리므

산토리가 추구하는 장인정신이 깃든 맥주

| 13 | 산토리 PSB |

パーフェクト
サントリー
ビール

파훼쿠토 산토리 비루

다이아몬드 맥아를 일부 사용하고,
당질이 제로인 상쾌한 맥주

마구로
센세
넌 정말
감동이야.

감동..

헤헤. 뭘 이정도
가지고..

六。술(おさけ)

우와! 같은 브랜드라도 종류가 엄청 많네. 골라 먹는 재미가 있겠다.

지금 소개한 것들은 일반 맥주이고..

응? 여기 다 그냥 맥주 아니야?

맥주 종류가 달라.

여기 있는 것들은 좀 달라 보이네.

거기 있는 것들은 "발포주"라는 건데..

발포주 発泡酒

어떻게 보면 생소한 단어지?

발포주는 맥아의 사용 비율을 낮추고 맥주맛을 그대로 내려고 한 맥주야.

일본 편의점에서는 발포주의 비중이 꽤 커. 일반 맥주와 발포주 반반씩 차지하고 있어.

맥주에 들어가는 맥아의 사용량이 줄어들게 되어 가격도 조금 저렴해.

맥아나 당질을 줄여서 여성들에게 인기가 많아.

14 기린 탄레이

キリン
淡麗

키 린
탄 레이

일반 맥주에서
당질을 70% 낮춘
깔끔하고 부드러운
발포주.

15 기린 탄레이 고쿠조(극상)

キリン
淡麗極上

키 린
탄 레이 고쿠 조

발포주이지만 일반
맥주 만큼의 풍미를
재현한 맥주.

16 기린 플래티넘 더블

キリン
プラチナ
ダブル

키 린
푸라 치 나
다 부루

퓨린(요산을 높이는 맥주
성분) 제로, 당질 제로
의 발포주.

17 기린 노도고시

キリン
のどごし

키 린
노 도 고 시

맥아 대신 대두단백을
사용한 맥주.

18 산토리 킨무기 더 라거

サントリー
金麦
〈ザ・ラガー〉

산토리 킨무기쟈라가

진하지만 깔끔한
뒷맛을 추구하는
라거 맥주

19 아사히 오프

アサヒ
オフ

아사히오프

퓨린체0, 당질0.
칼로리 최소의 발포주

| 20 | 아사히 클리어 | 21 | 아사히 스타일프리 퍼펙트 |

アサヒ
クリア

아 사 히
쿠 리 아

아사히의
발포주 제품.

アサヒ
スタイル
フリー
パーフェクト

아사히스타이루 프리
파훼쿠토
퓨린체 0, 당질 0의
발포주

| 22 | 아사히 스타일 프리 | 23 | 아사히 제이타쿠 제로 |

アサヒ
スタイル
フリー

아 사 히
스 타 이 루
후 리

당질 0% 의
파인 아로마 홉을
사용한 발포주.

アサヒ
贅沢ゼロ

아 사 히
제이 타쿠 제 로

아사히 클리어 보다
보리 용량을 30배 늘리고
당질을 0%로 줄인
발포주.

| 24 | 산토리 킨무기 | 25 | 산토리 킨무기 당질 75% 오프 |

サントリー
金麦

산 토 리
킨 무 기

단맛 성분 향상과 홉의
디테일을 살리는 2단계
과정을 거친 발포주.

サントリー金麦
糖質75%オフ

산 토 리 킨 무기
토 시 소 나나주고 오후
파센토

당질을 75% 줄이고
더 풍부한 맥아를 사용한
맥주.

오호! 신기하다. 엄청난 지식이 쌓이고 있는 느낌이야.

축.. 축하해.

벌떡

옴마야!

사게짱이 부러운 걸? 나도 너랑 같이 다니고 싶다.

부러워..

재밌는 친구구나 너. 앗.. 궁금한게 있는데.

뭔데?

저기..

사게짱이랑은 어떻게 알게 된 사이야?

아, 그냥 예전에 학교 수업을 같이 들었...

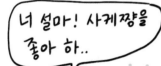

너 설마! 사게짱을 좋아 하..

앗!

헤헤.

아 하하하하! 여기, 여기 있는 술은..

六。술(おさけ)

하이볼

하이볼은 일본에서 주로 마시는 칵테일의 일종이야. 보통 위스키, 레몬, 탄산수로 만들어. 소량의 위스키에 탄산수를 섞어 마시면 독하지도 않고 저렴하게 마실 수 있어서 경제 사정이 좋지 않던 2차 대전 이후부터 많이 즐겨 마시기 시작했대.

보통 많이 먹는 하이볼 종류는 산토리에서 나온

카쿠 하이볼, 토리스 하이볼, 짐빔하이볼이야.

편의점에서는 카쿠 하이볼과 토리스 하이볼을, 음식점에서는 짐빔 하이볼을 주로 판단다.

26 산토리 카쿠 하이볼	27 산토리 토리스 하이볼
サントリー 角ハイボール 산 토 리 카 쿠 하 이 보 루 '하이볼'하면 떠오르는 일본의 대표 하이볼.	**サントリー トリス ハイボール** 산 토 리 토 리 스 하 이 보 루 카쿠 하이볼보다 저렴한 염가 위스키 토리스로 만든 하이볼.

캔에 **濃いめ** 라고 쓰여 있는 하이볼은 위스키 농도가 더 진한 제품이야.

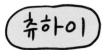

츄하이는 하이볼에 위스키 대신
일본 소주를 넣은 술이야.

$$(소)주 + 하이(볼)$$

보통 하이볼보다 다양한 맛을 첨가하는데
대부분이 과일 맛 종류야.

가장 유명한 호로요이는 알코올 3%   나머지 종류는 6~9%

술을 잘 못 먹는 사람은 호로요이,
술 맛을 느끼고 싶은 사람은 나머지 제품을 추천!

28 산토리 호로요이

サントリー
ほろよい

산   토 리
호 로 요 이

29 기린 효케츠

キリン氷結

키 린   효 케 츠

30 아사히 지논 레몬

アサヒ
GINON
レモン

아사히 지논 레몬

진(GIN)을 사용하여
과일의 깔끔한 맛을 내는 사와

31 아사히 미래의 레몬 사와

アサヒ
未来の
レモン
サワー

아사히미라이노레몬사와

진짜 레몬 슬라이스를 담근
세계 최초의 레몬 사와캔

32 산토리 -196 무당

サントリー
-196
無糖

산토리 -196 무토

단맛을 줄여 상큼하게 과일 맛을
느낄 수 있는 무당 사와

33 산토리 스이진 소다

サントリー
翠ジン
ソーダ

산토리 수이진 소다

유자, 녹차, 생강 3종의 소재를 사용한
일상의 식사에도 잘 어울리는 진

34 키린 특제 사와

麒麟特製
レモン
サワー

기린토쿠세이레몬 사와

과즙을 한층 짜낸 맛의
풍부함을 추구하는 사와

이건 여자분들이 많이 좋아 할것 같아.

꼭 그렇지만은 않아. 나도 하이볼과 츄하이를 많이 즐겨 먹고 있어. 너도 먹어보면 그럴껄?

응응

그럼 나도 한 번 먹어 볼까. 앗!

그런데 아까 내가 뭘 물어 보려고 했는데..

휙

뭐였더라.. 사케짱..

아아아

아..

휴

난 사실, 사케짱을 좋아해. 오래 전부터 짝 사랑하고 있었어.

六。술(おさけ)

六。술(おさけ)

사케

보통 우리는 일본 전통주를 통틀어 사케라고 하지만
원래는 두 가지로 나뉘어.
우리가 사케라고 하는 술은 **니혼슈日本酒**
두 번째는 **소주燒酎**

니혼슈는 쌀, 누룩, 물을 발효시킨
술이야.

소주는 발효시킨 후 한번 더 증류한 술이야.
소주가 알코올이 20~25도 정도로, 니혼슈보다 더 높아.
위스키랑 비슷한 방법으로 먹는단다.

그 중에서도 편의점에서 쉽게 볼 수 있는 제품들을 알아볼까?

니혼슈(청주)

35 하쿠츠루 마루

하쿠 츠루 마루

독자적으로 개발한 누룩을 사용한
1984년부터 판매된 스테디 셀러.

36 기쿠 마사 무네 핀 탄레이

菊正宗ピン淡麗

키쿠 마사 무네 핀 탄 레이

상쾌한 목 넘김이 특징인
드라이한 맛의 술.

37 핫카이산 준마이 다이긴조

八海山大吟醸

핫카이산 준마이 다이긴조

쌀로 유명한 니가타현에 자리잡은 핫카이산
주조장에서 만든 준마이 다이긴죠

38 하쿠츠루 다이긴조

白鶴大吟醸

하쿠 츠루 다이 긴 죠

다양한 요리와 궁합이 좋고,
과일향과 옅은 맛이 특징인 술.

39	다마노히카리 준마이 긴조

玉乃光純米吟醸

타마노 히카리 준 마이 긴 조

1964년 전쟁 후 업계 최초로 준마이를
발매한, 교토 양조장 "타마노히카리"의
스테디 셀러 제품.

40	쿠보타 센쥬

久保田千寿

쿠보타 센쥬

드라이한 맛이 강한
긴죠등급의 사케

소주

41 신의강

薩摩神の河
사 쓰마 간 노 코

바닐라를 연상시키는 향기의
부드러운 보리 소주.

42 아사히 카노카

アサヒかのか
아 사 히 카 노 카

보리를 증류한 향을
강조하는 부드러운 느낌의 보리 소주.

43 산와 이이치코

三和いいちこ
산 와 이 이 치 코

"변두리의 나폴레옹"이라는 별명을
가진, 소주를 마신 적 없는 사람에게
추천하는 보리 소주.

44 기리시마 구로키리시마

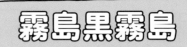
霧島黒霧島

키리 시마   쿠로 키리 시마

검은 누룩으로 만든 소주.

컵술

그리고 많이 먹기 부담스러운 분들을 위해 귀여운 컵으로도 판매하고 있어. 간단히 취하고 싶은 분들께 추천!

컵술

45 타카라 소주

宝焼酎

타카라 쇼 추

100년 전통의 배럴에 저장, 숙성하여 혼합한 부드러운 소주.

46 오제키 원 컵

大関ワンカップ

오오 제키 완 캅 푸

1964년부터 출시 된
저온에서 천천히 발효한 술.

47 사와노 쓰루 1.5컵

沢の鶴1.5カップ

사와 노 츠루 잇텐고 캅 푸

부드러운 목넘김과 깔끔한 뒷 맛을
추구하는 술.

과실주

48 초야 본격 매실주 소다

ウメッシュ
本格梅酒ソーダ

우메슈 혼카쿠우메슈소다

깊은 맛의 매실주를 소다와 함께 낮은 알콜
함유량으로 마시기 쉽게 만든 매실주 소다

49	산토리 맑은 매실주

澄みわたる梅酒

스미와타루 우메슈

당질을 50% 줄인 가벼운 맛의 부담없는 매실주

50	초야 산뜻한 매실주

さらりとした梅酒

사라리토시타 우메슈

매실이 실제로 들어가있는 깔끔한 뒷맛의 매실주

오호! 과실주를 편의점에서 만날 거라곤 상상도 못했는데?

달달한 맛이 일품이야!

이 정도면 편의점에 있는 술은 거의 다 알려 준 것 같아.

후후

고마워! 넌 듣던 대로 참 착하구나. 아, 혹시 너도 지금 혼자면 같이 마실래?

고마워

헤헤

고맙지만 나는 지금 할 일이 있어서..

다음에..

할.. 일..?

앗

화이팅!

으응! 고마워!

무슨 일이야? 급한 일이니?

아,아니 급한 건 아니고.. 그냥. 너무 갑작스럽지?

아냐, 괜찮아. 나도 바깥 공기 좀 쐬고 싶었어.

멀뚱   멀뚱

?

입이.. 입이 안 떨어져.. 큰일 났다.

...

六。술(おさけ)

나..

사실

널..

나 너 좋아해.

사실..

나 너랑 진지하게
만나고 싶어.

널..

나 너 좋아한다고~!

뭐?

六。술(おさけ)

마구로센세의 강력 추천

산토리 스이진 소다
翠ジンソーダ

자극적이지 않고 은은한 맛이 깔끔하게 느껴지는 매력적인 술이야. 시원하고 청량감 있게 하루를 마무리하고 싶을 때 추천!

일본어 이름	산토리 스이진 소다
제조사	산토리
판매	
표준 정가	182円(2024년 10월 편의점 기준)
기본 용량	350ml
열량	41kcal(100ml)

술 おさけ

-단어-

1. 삿포로 サッポロ

2. 에비스 エビス

3. 에비스 프리미엄 에일 エビスプレミアムエール

4. 에비스 프리미엄 블랙 エビスプレミアムブラック

5. 기린 이치방시보리 キリン一番搾り

6. 아사히 슈퍼 드라이 アサヒスーパードライ

7. 아사히 수퍼드라이 생맥주캔

   アサヒスーパードライ生ジョッキ缶

8. 아사히 생맥주 마루에프 アサヒ生ビールマルエフ

9. 산토리 프리미엄 몰트 サントリーザプレミアムモルツ

10. 산토리 트리플 생맥주 サントリー生ビール

11. 산토리 프리미엄 몰츠 카오루 에일

サントリープレミアム・モルツ香るエール

12. 산토리 프리미엄 몰츠 마스터스 드림

サントリープレミアム・モルツマスターズドリーム

13. 완벽한 산토리 맥주(PSB) パーフェクトサントリービール

14. 기린 탄레이 キリン淡麗

15. 기린 탄레이 고쿠조(극상) キリン淡麗極上

16. 기린 플래티넘 더블 キリンプラチナダブル

17. 기린 노도고시 キリンのどごし

18. 산토리 킨무기 더 라거 サントリー金麦〈ザ・ラガー〉

19. 아사히 오프 アサヒオフ

20. 아사히 클리어 アサヒクリア

21. 아사히 스타일 프리 퍼펙트

アサヒスタイルフリーパーフェクト

22. 아사히 스타일 프리 アサヒスタイルフリー

23. 아사히 제이타쿠 제로 アサヒ贅沢ゼロ

24. 산토리 킨무기 サントリー金麦

25. 산토리 킨무기 당질 75% 오프

サントリー金麦糖質75%オフ

26. 산토리 카쿠 하이볼 ^{산토리카쿠하이보루}サントリー角ハイボール

27. 산토리 토리스 하이볼 サントリートリスハイボール

28. 산토리 호로요이 サントリーほろよい

29. 기린 효케츠 キリン氷結

30. 아사히 지논 레몬 アサヒGINONレモン

31. 아사히 미래의 레몬 사워 アサヒ未来のレモンサワー

32. 산토리-196무당 サントリー-196無糖

33. 산토리 스이진 소다 サントリー翠ヅソソーダ

34. 키린 특제 사와 麒麟特製レモンサワー

35. 하쿠츠루 마루 白鶴まる

36. 기쿠마사무네 핀탄레이 ^{키 쿠 마 사 무 네 핀 탄 레 이}菊正宗ピン淡麗

37. 핫카이산 준마이다이긴조 ^{핫카이산 준마이다이긴조}八海山大吟醸

38. 하쿠츠루 다이긴조 ^{하 쿠 츠 루 다 이 긴 죠}白鶴大吟醸

39. 다마노히카리 준마이긴조 ^{타 마 노 히 카 리 준 마 이 긴 죠}玉乃光純米吟醸

40. 쿠보타 센쥬 ^{쿠 보 타 센 쥬}久保田千寿

41. 신의 강 ^{사 쓰 마 간 노 코}薩摩神の河

42. 아사히 카노카 ^{아 사 히 카 노 카}アサヒかのか

43. 산와 이이치코 ^{산 와 이 이 치 코}三和いいちこ

44. 기리시마 구로키리시마 ^{키리시마쿠로키리시마}霧島黒霧島

45. 타카라 소주 ^{타 카 라 쇼 추}宝焼酎

46. 오제키 원컵 <ruby>大関<rt>오 오 제 키</rt></ruby><ruby>ワンカップ<rt>완 캅 푸</rt></ruby>

47. 사와노쓰루 1.5컵 <ruby>沢の鶴<rt>사 와 노 츠 루</rt></ruby><ruby>1.5カップ<rt>잇 텐 고 캅 푸</rt></ruby>

48. 초야 본격 매실주 소다 <ruby>ウメッシュ<rt>우 메 슈</rt></ruby><ruby>本格<rt>혼 카 쿠</rt></ruby><ruby>梅酒<rt>우 메 슈</rt></ruby><ruby>ソーダ<rt>소 다</rt></ruby>

49. 산토리 맑은 매실주 <ruby>澄みわたる<rt>스 미 와 타 루</rt></ruby><ruby>梅酒<rt>우 메 슈</rt></ruby>

50. 초야 산뜻한 매실주 <ruby>さらりとした<rt>사 라 리 토 시 타</rt></ruby><ruby>梅酒<rt>우 메 슈</rt></ruby>

단어

231

실전용 편의점 회화
생필품 アメニティ

-부록-

보너스 페이지

편의점 기초 생필품

일본 편의점에는 우리 나라와 마찬가지로 기본 생필품 종류도 판매하고 있어. 물론 반창고, 면도기, 치약 등등 한 눈에 쉽게 알아 볼 수 있는 제품들도 있지만, 그 중에 유용하지만 지나칠 수도 있는 제품 몇 개를 소개 할게.

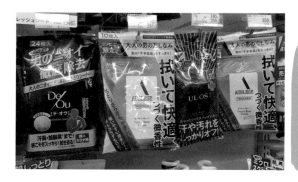

바디 티슈

매우 덥고 습한 일본에서 땀이 많이 날때 간단히 몸을 닦을 수 있는 티슈.

샴푸, 린스 바디워시 세트

대부분 숙소에 있지만 혹시 모를 상황을 대비해서!

생필품(アメニティ)

기초 화장품 세트 기초 화장품을 간단히 모아서
여행자가 쓸 수 있게 팔고 있어.

감기약 그림으로 구분이 가는
열감기 (왼쪽)
코감기 (오른쪽) 약.

오호라

무인 양품

패밀리 마트에서는
"무인양품"의 간단한
제품들을 구매 할 수 있어.

소화제

과음, 속쓰림, 위장이 불편
할 때 먹는 약.

파스 종류

생필품(アメニティ)

1. 데워 드릴까요?
   > あたためますか。
   아타타메마스까.

2. 네, 부탁드립니다.
   > はい, おねがいします。
   하이, 오네가이시마스.

3. 봉투에 담아 드릴까요?
   > ぶくろはごりようですか。
   후쿠로와고리요데스까.

4. 아니요, 괜찮습니다.
   > いいえ, だいじょうぶです。
   이이에, 다이죠부데스.

5. 무엇을 찾고 계시나요?
   > なにをおさがしですか。
   나니오오사가시데스까.

6. 라면은 어디에 있나요?
   > ラーメンはどこにありますか。
   라멘와도코니아리마스까.

7. 100엔입니다.
> # 100えんでございます。
햐쿠엔데고자이마스.

8. 500엔 받았습니다.
> # 500えんおあずかりします。
고햐쿠엔오아즈카리시마스.

9. 거스름돈은 400엔입니다.
> # 400えんのおかえしです。
시햐쿠엔노오카에시데스.

10. 화면을 터치해 주세요. (술이나 담배 등을 샀을 때)
> # がめんのタッチをおねがいします。
가멘노탓치오오네가이시마스.

11. 신용카드로 계산할 수 있습니까?
> # クレジットカードでしはらいいできますか。
쿠레짓토카도데시하라이데끼마스까.

12. 젓가락 필요하신가요?
> # はしはおつけしますか。
하시와오츠케시마스까.

마구로센세의
일본어
편의점
마스터

3판 1쇄 펴낸 날 | 2024년 11월 22일

지은이 | 나인완
펴낸이 | 홍정우
펴낸곳 | 브레인스토어

책임편집 | 김다니엘
편집진행 | 홍주미, 이은수, 박혜림
디자인 | 이예슬
마케팅 | 방경희
감수 | 김수경

주소 | (03908)서울특별시 마포구 월드컵북로 375, DMC이안상암1단지 2303호
전화 | (02)3275-2915~7
팩스 | (02)3275-2918
이메일 | brainstore@publishing.by-works.com
블로그 | http://blog.naver.com/brain_store
페이스북 | http://www.facebook.com/brainstorebooks
인스타그램 | http://www.instagram.com/brainstore_publishing

등록 | 2007년 11월 30일(제313-2007-000238호)